マックス・シェーラー　思想の核心

マックス・シェーラー　思想の核心

―価値・他者・愛・人格・宗教―

金子晴勇著

知泉書館

凡　例

一、本書におけるシェーラーの引用はドイツ語版の全集、Gesammelte Werke, Hrsg. von Maria Scheler und Manfred S. Frings, Bern und München, 1954ff. に従っているが、それは GW. と略記し、続く数字は巻数と頁数とする。たとえば GW. 10, 384.『現象学と認識論』二九九頁とある場合には、ドイツ語全集版の一〇巻と頁、および邦訳書名と頁数を表わす。ただし『宇宙における人間の地位』と『ルサンチマン』および『知と愛』はドイツ語の単行本を使用し、その都度テキストとその略記を示す。

一、なお白水社版「シェーラー著作集」から使用した著作名と訳者名および出版年は次に示す通りである。

『倫理学』（倫理学における形式主義と実質的価値倫理学）全三巻、著作集一―三巻、吉沢伝三郎、飯島宗享他訳、一九八〇年

『道徳構造におけるルサンティマン』、『人間の理念に寄せて』著作集第四巻、林田新一訳、一九七七年

『人間における永遠なもの』全二巻、著作集第六―七巻、小倉貞秀、亀井裕他訳、一九七七―八年

『同情の本質と諸形式』著作集第八巻、青木茂他訳、一九七七年

『愛と認識』著作集第九巻、梅本信介訳、一九七八年

『愛の秩序』著作集第一〇巻、平木幸三郎訳、一九七八年

『羞恥と羞恥心』著作集第一五巻、浜田義文訳、一九七八年
『宇宙における人間の地位』著作集第一三巻、亀井裕他訳、『哲学的世界観』亀井裕他訳、一九七七年
『現象学と認識理論』著作集第一五巻、小林靖昌訳、一九七八年
一、邦訳の引用にあたって参照させていただいたので、多くの訳者の労に対して感謝しているが、引用文は原則的にはわたし自身の訳文である。

はじめに

一般的に言えることなのですが、どんな人の生涯でも優れた人物や思想家との予期しない偶然的な出会いがあって、そこからわたしたちは生涯を通して実に多くのことを学ぶのではないでしょうか。わたしのマックス・シェーラーとの出会いもそうでした。わたしは若い頃からヨーロッパの思想史を研究したいと願っていましたが、どのように研究をしたらよいのか迷っていました。そこで彼と出会うようになるのですが、初めにそのことを簡潔に述べてみましょう。

わたしがシェーラーに関心を寄せるようになったのは、わたし自身の生き方と深く関係しています。わたしは高校生の頃からキルケゴールの実存思想に惹かれていましたが、他者と一緒に生きるという点で悩み、実存哲学ではこの問題が原則的に解決できないと感じました。ですから当時流行していた実存哲学をそのまま受け入れることができませんでした。このように実存哲学に疑問を感じていたころ、ブーバーの「対話の哲学」と同時にシェーラーの「他者理解」に出会って、それに共感を覚え、他者関係をどのように生きるべきかを学ぶようになりました。これこそ人と人の間に起こる「愛の問題」でした。とりわけシェーラーの『道徳論集』（モラリア）にある「愛と認識」という論文を、当時はまだ翻訳がなかったので、ドイツ語で読んでとても感激したことを覚えています。

それだけではありません。教師となってからも、哲学研究の方法として現象学の重要性を教えてくれたのもシェーラーでした。彼は現象学を具体的に人生の諸問題に応用する仕方を教えてくれたのです。その結果、わたしは当時強く影響されていた実存弁証法の方法から現象学の方法へと移行することができました。この方法を身につけることによってわたしは多くの問題を自分でも解明できるようになりました。そこで彼が現象学の方法を駆使して実際に真理を探求していった模範に倣うようになり、その中心テーマである人間学をも彼に倣って探求するように導かれたのです。

マックス・シューラー（一八七四―一九二八年）は現代の哲学的人間学の創始者となりましたが、初めは近代の代表的な哲学者カントを批判し、価値倫理学の創始者と言われてきました。しかし今日では人間学の創始者として高く評価されています。ところが彼の思想体系は、倫理学や人間学の領域のみならず、いっそう広い学問領域からも高く評価されるようになりました。確かに彼は倫理学からはじまって人間学・哲学・社会学・心理学・医学・生物学・宗教学にわたる広汎な視野に立って学問上の業績を積み重ね、それぞれの学問領域で大きな成果を収めたので、注目される思想家となりました。

したがって彼が現象学の方法を駆使して発見し、かつ、解明していったもろもろの学問上の成果は、それらが真理であるかぎり、各人の世界観を超えて承認されなければならないと思われます。彼はライプニッツにしたがって「理性の真理」と並んで「事実の真理」を、しかもこれまで未開拓であった心情や情緒の領域で集中的に研究し、主に人と人との間で生起交流する「情緒的な生活」という間‐主観的な「愛」の領域で真理を追究し、そこで発見された真理の生ける証人となりました。そのようになるために彼は多くの冒険をしたように思われます。そのなかでも繰り返された離婚と結婚は当時の常識では不評をかいましたが、多くの非難と中傷にもくじけないで生活体験のさ中から彼は真実をとらえ、思索の糧としました。この点で彼は類い希なる思想家であったと言えましょう。ですから不幸な経験の渦中にあっても現実を直視し、そこに生ける真理を発見していきました。それこそ常人の力を超えた真理の証人にふさわしい行為ではないでしょうか。彼はこのような個人的な体験を土台として今日とりわけ問題となっている人間関係を広く探求し、それを「愛の現象学」として結実させました。

わたしたち日本人にはこれまで愛をあまりにも狭く恋愛や愛欲として理解する傾向が顕著に認

められます。だがもしそのような狭い理解にとどまるならば、今日蔓延している家庭で起こる悲劇と思想の危機的な貧困さとから脱出することはできません。この悲惨な事実は何よりも他者を人格として見なさないことから必然的に起こってきます。しかも他者に対する根本的な理解も反省もないとしたら、この不幸から脱出できるはずがありません。そこには「人間」の、つまり「人と人との間柄を生きる存在」の理解がいつまでも未熟さと浅薄さを残すことになります。愛の働きは愛欲や恋愛にとどまらず、実は人間関係のすべての領域にまで広がっており、この愛の現象には多くの真理が埋蔵されています。シェーラーはこの真理を体験的に把握し、かつ、理解するように志し、それを著作活動によって明らかにしています。

そこでわたしは本書を通して真実な「愛の現象」を取り上げて、そこから「他者認識」の問題、また人格や共同体、さらに宗教や人間学に至るまで彼の思索の核心を簡潔に紹介してみようと思い立ちました。だが、そのためにはまずシェーラーの思想の全体像を概略であっても理解しておかねばなりません。彼は最初カントの倫理学を学びましたが、カント学会でゲッティンゲン大学時代のフッサールと出会うことによって、現象学を学び、それを広く人間生活の全体に向けて適用しました。しかし彼は観念論に傾斜した晩年のフッサールには従っていません。こうして彼の現象学は現実の道徳や倫理の問題、とりわけ情緒生活のような、理性的に把握するのが困難な問題に着目し、そこに見られる真理を解明するようになりました。したがって彼は現実の具体的な生活に密着した諸問題に立ち向かい、しかも現代における人間科学の成果を積極的に受容しながら、それらを考察しました。だが彼は同時にヨーロッパの伝統的な形而上学にも通暁しており、それをも使って議論を展開したため、残念ながらその思想がとても難解になってしまいました。

彼は大学で講義してはいましたが、その生涯の晩期になって初めて正式に大学教授となり、それまでは長い期間にわたって在野で活躍していました。そのためか、その著作は大学の講義で一般に行われるような概説的な叙述を欠き、どちらかというと天才的なひらめきによる直観的洞察に満ちています。そこには確かにわたしたちにとって汲みつくしえない魅力があるにしても、彼の思索についていくのは実はとても困難なのです。もちろん『道徳におけるルサンティマン』のような見事な叙述を展開させる著作も例外としてありますが、たいていは混沌とした印象をわたしたちには与えてしまいます。とりわけ採り上げられる事態を十分に説明しないままに諸科学の成果がその都度の関心にもとづいて採用されることが絶えず起こります。

どうしてこのようになったのかという原因は明らかではないのですが、恐らくこの時代の混沌とした世相がそこに反映しているのでしょう。それは彼が活躍した時代が後述するようなワイマール文化という旧思想を徹底的に解体する時期に当たっており、この時代を身をもって生きたシェーラーにとって自分の思想をゆっくりと時間をかけて検討する余裕がなかったというのが実情でしょう。こうした欠陥にもかかわらずわたしたちが彼によって魅了されるのは、従来の定説や偏見を取り払って、つまり現象学的還元を遂行し、あらゆる事象に心を開いて立ち向かい、愛や情緒のような把握するのに困難な心的な現象を直接体験しながら、そこに隠されている真理を直観的にとらえる基本姿勢にあると思われます。彼の思索は現実の生活に密着しながら、生命の深みに絶えず立ち向かっていって、そこにこれまで隠されていた真理を発見しようと試みられており、事実、多くの隠された真理を発見するに至ったのです。

シェーラーの哲学は第一次世界大戦後には実存主義が指導的な地位を確立したため、その姿が消滅しそうでしたが、孤立する実存哲学者たちとは相違して、多くの弟子たちや共鳴者を生み出しました。そこには「主観性から間-主観性へ」向かう哲学的な発展が顕著に見られます。彼は近代の主観性の哲学に対して批判の矢を向け、人と人とが人格的に関与する間主観的な現象を把握しようとしたのです。それゆえ人格間に生起交流する愛も、価値倫理学や間主観性の立場から現象学的に解明され、その解釈によって数々の真理が発見されました。もしこうした人格間の基本的な理解が欠けていると、今日まで残存する主観主義は個我主義（エゴイズム）にまで転落し、他者に対する基本的な理解を欠いた非人間的な行動に移って行かざるをえません。このことは多発する性犯罪に顕著に見られる現象であって、そこには他者の存在や人権を無視した自己中心な思い上がった態度が見られます。こうした行動が恐ろしいほど今日蔓延するようになりました。シェーラーはこの点をいち早く洞察し、他者理解や愛の問題、さらにルサンティマンの恐ろしさを公表し、思想家としての地位を確立しました。こういう彼の優れた功績は残念なことに我が国ではあまり知られていません。

この点を考慮して彼の思想を全体として理解するためには彼の倫理学の知識も必要であると感じましたので、わたしはその基本的なスタンスを解説することからはじめました。彼の倫理学は「価値倫理学」と言われています。ですから価値の問題に「価値優先」と「価値序列」の説明から入っていきました。事実、彼はこれをその思索の土台に据えて、しかも現象学の方法を使って現実の諸問題を探求していきました。だがそこには同時にこれまでヨーロッパで形成されてきた伝統的な価値観が不動の地位を保っています。そこから伝統的な心身の二元論が形を変えて説かれているとの誤解や批判も彼の意図に反して起こってきました。ところが二元論といっても、従来の説は絶えず克服すべき課題として彼によって考察されています。ですからこの批判に今回は立ち入ることなく、彼の現象学的な考察に集中し、彼の思索の核心を紹介したいと願っています。

わたしはシェーラーが現代の学問にどのような影響を与えたかを『現代ヨーロッパの人間学』

知泉書館、二〇一〇年で詳しく論じているので、それを参照してもらいたい。その一例として『夜と霧』で有名となった精神医学者フランクルについてだけ言うと、彼はその師フロイトと並んでシェーラーの写真をその書斎に掛けていたほど多くの影響をシェーラーから受けていました。事実、『死と愛――実存分析入門』における愛の理解において、『識られざる神』の人間論や良心論においてその事実が顕著に知られます。

目　次

マックス・シェーラー　思想の核心

――価値・他者・愛・人格・宗教――

第I章　時代と学問

ヨーロッパの思想史を学ぶときには、どんなに偉大な思想家であってもその時代から大きな影響を受けていることを銘記すべきである。ある特定の思想が歴史に登場するとき、その思想家がどのような経験をし、いかなる思想的な影響を受け、何を心で感じたかという、基礎的な経験に注目する必要がある。この経験は一般に個人がおかれた文化的な状況や比較的若いときに経験した特殊な出来事から生じる場合が多い。この基礎となる経験は多くの場合、各人が立っている基底の危機の自覚であって、これまで育てられてきた世界や社会がいかに多くの問題を孕んでいるかという認識から起こってくる。一言でいうなら地盤の喪失の感得であり、ここから世界も自己も問われるべきものとして現われる。ところで思想史を研究していると、このような基礎的な経験は同じ姿を保っていても、これに個人が関与する仕方の相違から全く異質な思想が生じていることが判明する。つまり各自の問題や課題は同じであっても、それに対する回答は全く異なっている。ここには一つの問題に同一の答えが出せる単純な算術が適用できない。だから唯物史観のように思想を歴史の産物と見て、社会・経済的な下部構造の観念的反映であると一義的に主張することはもちろん困難であり、多様なる形態をとって出現してくる思想をどのように理解すべきかをつねに問い直さなければならない。わたしは思想の多様性を世界に関わる人間の自由な主体性に求めたい。それゆえ世界や社会に対しどのように自覚的に関わるかということが決定的に重要な意義をもち、それによって思想の性格が顕著に示されるといえよう。そこでシェーラーの時代の一般的特徴と彼が学んだ学問についてまず考えてみたい。

1　ワイマール文化とその時代精神

ヨーロッパ思想文化の歴史で近代と現代とを分かつ境界線があるとしたら、それは第一次世界大戦が終結した一九一八年であろう。というのはこの時点で人々の価値観が根本から変化したからである。それまでの比較的安定した歴史の中で、確実だと予想されていた未来像がもはや通用しなくなった。一七世紀のヨーロッパに始まる「啓蒙」思想は、貴族にかわってブルジョアを、旧体制にかわって革命を、神学にかわって科学を、農村にかわって都市を、それぞれ前面に押し出した。資本主義社会が次第に発展し、ブルジョアジーの力によって革命が次々と起こり、科学技術が振興し、大都市が建設されて、これらの力が相携えて新しい世界を造るとき、技術文明や産業文化と呼ばれる新しい文化のかたちが一八世紀後半から一九世紀にかけて現われはじめた。そのさい文化をこれまで導いてきたヨーロッパのキリスト教思想は次第に背景に退き、その信仰に代わって世俗化した道具的な「理性」が自律しはじめ、それが科学技術と提携することによって、新しい時代を確立するようになった。こうして「理性」はかつてもっていた「深み」を喪失し、皮相的な合理主義となって全世界に広まっていった。(1)

しかし信仰を欠いて世俗化した「理性」にもとづく合理主義には大問題が隠されていた。それはとりわけ「進歩思想」で明瞭となる。実際、近代において隆盛となった「啓蒙」思想の根底には、新しいものは古いものに優るという「進歩」(progress)の観念があった。この進歩という観念は、近代に特有のもので、中世や古代にはなかった。というのも神が宇宙の創造者として万物を完全な姿に造ったとしたら、人間は神が造ったものに何も手を加えることはできないし、まして人間の力による進歩など考えられさえもしなかったからである。ところが近代に移ると、人間は神から離れて自立し、しかも神のように自然に働きかけてそこから近代文化の世界を創造していった。ここから「進歩」の観念が生じ、科学技術を駆使して技術文明や産業文明を創造したのであるが、その結果はどうであろうか。科学と技術は人間の幸福を招来するかのように装いながらも、実際は自然環境の破壊と科学兵器による人類の自己破壊を引き起こしたに過ぎなかった。これこそ「第一次世界大戦」（一九一四―一八年）と「第二次世界大戦」（一九三七―四五年）にほかならなかった。

このような進歩に対する懐疑と相まってヨーロッパ世界の没落が強く意識され始めた。ドイツ敗戦の年にシュペングラーが有名な『西洋の没落』（一九一八年）を書き、大きな影響を与えたのも、第一次世界大戦後の暗い終末意識にもとづいていた。彼はその序文で、それが「歴史についての新しい見解であり、運命の哲学である」と主張し、その内容を世界史の比較形態学の方法で展開させ、ヨーロッパ文化の没落を分析したのである。そのさい彼はヘルダー、ゲーテ、またニーチェなどに影響されるとともに、歴史家ブルクハルトのペシミスティックな文明の見方に大きく影響されて、ヨーロッパ文明は、「成長」と「成熟」の段階をすでに経過して今や「衰退」の段階にはいり、「没落」が単に個々の国家のみでなく、全ヨーロッパを包み込んでいると考えた。彼は文化の歴史を千年の周期をもって回帰する有機体とみなし、それを植物の生成発達になぞらえた。つまり文化には寿命と発達のリズムがあって、老年期に入ると生命が衰微し、やがて没落の運命に見舞われると説いた。

この時代にはこうした「没落」の意識が支配し、過激な破壊主義や実存主義の文学と思想が流行するようになる。この傾向はこの時代に活躍したドイツの哲学者、ベンヤミンの『破壊的性格』にある次の言葉にもっともよく表われている。

破壊的性格がかかげるのは、「場所をあける」というスローガンだけであり、その行動も、「除去作業」のほかにはない。さわやかな空気と自由な空間への渇望は、いかなる憎悪よりも強い。(2)

この時代はワイマール文化といわれるが、そこでは先ずそれに先行する古い文化が破壊され、次いでそれを再建する試みが実行された。文化史家ピーター・ゲイはその名著『ワイマール文化』の「序」で次のようにその印象を明解かつ簡潔に述べる。

ワイマールについて考える時、われわれは美術や文学や思想における革新（モダニティ）について考える。例えば、父親に対する息子の、伝統美術に対するダダイズムの、肥った俗物に対するベルリン子の、古いタイプの道徳家に対する放蕩者の反抗のことを、あるいは〈ブレヒトの〕『三文オペラ』、〔映画の〕「カリガリ博士」、〔トーマス・マンの〕『魔の山』、〔総合造形工学校〕バウハウスと〔女優〕マレーネ・ディートリヒのことを考える。そして、とりわけ、世界のいたる所にワイマールが輸出した亡命者のことを考えるのであると。(3)

この文化現象は第一次世界大戦の敗戦後にドイツで起こったもので、そこに歴史上はじめて思想的な共和国が造られ、古い文化の観念を打破するような文化運動がわき上がった。この運動は大戦中からの反戦活動と関連するドイツ表現主義運動が出発点となって、すべての文化領域を巻き込み、絵画・彫刻・建築・音楽・文学（ドラマ、詩、小説）・オペラなどによって、既成の諸形式に対する大胆な破壊活動を行った。その活動の有様は映画にもなった「カリガリ博士」に典型をみることができる。これを生み出した「表現主義者たちは、その才能を通じてこの革命を促進させたが、他方で、彼らは総じて非政治的な、あるいは少なくとも具体性を欠いた革命家であった」とゲイは続けて言う。したがって表現主義運動は従来の文化のすべてを拒否する「掃除」をし、来るべき文化のために、自由な空間を作ったのである。この時代を身をもって生きたベンヤミンは先に引用した言葉でもってこの事実を指摘した。

このワイマール共和国は、プロイセンの軍国主義ドイツではないもう一つのドイツ、ゲーテやカントなどで代表される文化国家としてのドイツを体現したインテリと文化人の国であった。それゆえ「ワイマール文化は時代の流れによって内側へと駆り立てられたアウトサイダーがつくった、眩惑的なまでにはかない瞬間の作品であった」(4)とも言われる。それは過酷な政治・経済的な混乱状況とは裏腹に、多彩な成果をあげ、一九二〇年代には「黄金の二〇年代」と呼ばれる文化的繁栄期を迎え、都市の中流サラリーマン階層に行き渡った「大衆文化」が現出し、ベルリンはロンドン・パリ・ニューヨークを越えて大衆文化の中心地となった。このような歴史の流れの中で、人々は既成の思想に対して懐疑の念を抱き、それを破壊しながら、自己と社会とを認識し、新しい思考と行動への地平を拓いていった。わたしたちが扱うマックス・シェーラーもこの時代を背景にして登場し、活躍した一人である。

2　生い立ちと略歴および結婚生活

ここでシェーラーの生い立ちと略歴を簡単に紹介しておきたい。彼は一八七四年八月二二日ミュンヘンに生まれる。両親の家庭は経済的に貧しく、父は年金暮らしの生活に疲れてマックスがギムナジウムに入学する以前に夭折し、母も暗い感じであった。不幸な家庭環境に育った彼は一四歳のとき、ギムナジウム在学中にカトリックの牧師より洗礼を受けた。それはカトリックの共同体の精神とその愛の教えに惹かれたからである。

一八九三年にミュンヘン大学医学部に入学し、翌年にはベルリン大学に移り、哲学と社会学を学ぶ。次いでイエナ大学において理想主義の哲学者オイケン教授の指導を受ける。オイケンは『大思想家の人生観』(一八九〇年)などで当時有名となり、一時期を風靡する精神的な指導者になった。シェーラーは彼からアウグスティヌスやパスカルの偉大な思想を学び、それが彼の哲学と人間学の基礎となった。

彼は一八九六年に学位論文『論理的原理と倫理的原理との関係確定について』を大学に提出し、二年後出版する。続いて一八九九年にはハビリタティオン〔教授資格取得論文〕『超越論的方法と心理学的方法』(一九〇〇年刊行)を提出して、イエナ大学の私講師となる。一九〇一年に雑誌「カント研究」の会合のためハレに赴き、そこでフッサールと出会う。このとき以来彼はフッサールと親しくなり、現象学の方法を導入することによって「本質直観の現象学」を確立するようになった。ここからフッサールとの精神的交流が始まる。一九〇六年の暮れにミュンヘンに移る(—一九一一年)。その地で現象学派の人びとと交わり、大学にて倫理学・心理学を講じる。一九一〇年の四月には大学の教壇を去る。以後一九一九年まで民間の知識人として活躍する。一九一一年の夏にはフッサールがいたゲッティゲンに移る。この時代に『ルサンティマンと道徳的価値判断』を『精神病理学雑誌』（一九一二年）に掲載し、多くの社会・経済学者（ジンメル、ウェーバー、トレルチ、ゾンバルトなど）から称賛される。

一九一三年にはベルリンへ移り、『同情の現象学と理論、ならびに愛憎について』を刊行する。この書はその後一九二三年に改訂増補され、『同情の本質と諸形態』となる。また主著となった大作『倫理学における形式主義と実質的価値倫理学』第一部を学術誌『ロゴス』に掲載する。この雑誌にはフッサールも『イデーン』を掲載した。この論文の第二部は戦争のため中断を余儀なくされたが、一九一六年に同学術誌第二巻に掲載された。一九一四年八月に第一次世界大戦が始まり、彼はこの戦争を弁護して一九一五年には『戦争の精神とドイツ戦争』を刊行し、一躍ジャーナリズムの寵児となる。その後『価値の転倒』と改題して一九一九年に再び刊行する。一九一六年には浩瀚な『倫理学における形式主義と実質的価値倫理学』（第一・二部）を単行本として出版する。さらに『戦争と再建』を刊行し、一時遠ざかっていたカトリック教会へ復帰する。一九一七年から一九一八年にかけて外務省の思想宣伝員としてオーストリア、オランダ、スイスなどに駐在する。

一九一八年に第一次大戦が終わる。当時シェーラーは宗教に関心を寄せ、「宗教の諸問題」を執筆する。この大論文は後に『人間における永遠なもの』に収録される。一九一九年にケルン大学教授となり（―一九二八年）、「宗教哲学」および「政治的社会的な諸問題」を担当する。こうして一九二一年に論文集『人間における永遠なるもの』を刊行する。このころ『典型と指導者』を執筆する（これは後に「遺稿集」に収められた）。一九二二年六月二四日に政治家ラーテナウが暗殺さるると、ケルン大学におけるラーテナウ追悼講演でこの人こそドイツ人の典型であると強調する。一九二三年に既述の『同情の本質と諸形式』を刊行する。一九二三―二四年『社会学および世界観学論集』（四巻）刊行。この頃キリスト教の思想体系から遠ざかり、カトリックから離れる。一九二四年には『知識社会学の諸問題』を『ケルン社会科学研究所紀要』に寄稿し、後にこれを『知識諸形態と社会』（一九二六年）として出版する。

一九二五年以後「哲学的人間学」に関する講義を連続して行い、人間学の研究が進む。一九二七年四月、ダルムシュタットの「知恵の学園」にて「人間の特殊地位」と題して講演し、それを翌年増補した『宇宙における人間の地位』として刊行した。

その翌年一九二八年四月にはケルンを去ってフランクフルト・アム・マインに移住するが、心臓病のため五月一九日急逝する。翌年には論文集『哲学的世界観』が死後に出版された。

終わりにシェーラーの結婚生活について述べておきたい。彼は倫理学者であるのに二度離婚し三度も懲りずに結婚したため悪評を買ってしまった。それには同情すべき点も認められる。大学生として学んでいたとき、イエナ大学に移ったころのことであるが、八歳年上の既婚の一児の母である女性（アメリー＝フォン＝デヴィッツ）と結婚した。この結婚がその後彼にさまざまな不幸をもたらした。この女性は嫉妬深く、かつ、神経質であった。彼女は大学のパーティで嫉妬に駆られて、ある夫人に平手打ちを加え、夫人がシェーラーと密通していると非難した。このような事件のためにシェーラーはイエナを去らざるをえなかったと伝えられている(5)。このように生活に破局をもたらした妻と彼は離婚したのであるが、やがて親しい友人であり弟子でもある倫理学者ヒルデブラントの父親が開催していたサロンで、ベートーヴェンの指揮者として有名なフルトヴェングラーの妹メリットに出会い、再婚する。この結婚は幸福な生活をもたらしたが、彼の助手であったマリアとの関係のために遂に再度の離婚に追い込まれる。とはいえ彼は死の直前にケルン大学に招かれたとき、ケルンに向かう途次ハイデルベルクに立ち寄りメリットと一緒に手を組んで散歩したといわれる。彼はその離婚のゆえに、カトリック教会を去ることになったが、倫理学者としての責任を問われ、その資質を問題視されるようになった。このことは理論と実践とが時折齟齬をきたすことからよく起こることの実例ともなっている。

3　フッサール現象学との出会い

第一次世界大戦後に、悲惨な戦争経験によって根本的に影響を受けていた人たちによって実存思想は説かれるようになったが、それはキルケゴールを再発見することから興り、彼の基本概念である不安・絶望・死・躓き・孤独・単独者・瞬間・反復・水平化・公衆などの観念を継承し発展させた。ハイデガーの「死への先駆」とか、ヤスパースの「限界状況」などはこうした基礎経験の表出であって、彼らは独自の実存的な経験から出発し、世界や人間について客観的に論じる伝統的思考から転じて、もっぱら「実存」を主題として追及したのであって、従来の哲学のように永遠不変の存在・価値・意味といったものを理論的に問うたのではない。だが実存思想が栄えた時代にマルティン・ブーバーは実存主義の単独者の主張と対決し、それを決定的に方向転換させた。彼は『我と汝』の中で、「我―汝」と「我―それ」とを対比的にとらえ、汝関係の二者性、他者との生ける交わりの領域、つまり他者とともにある間柄を「間」の領域として解明し、実存哲学の個我主義的側面を徹底的に超克しようと試みた。このような対話思想がブーバーの友人であったシェーラーにも大きく影響した。

　ところで、このような実存思想とその批判者たちに人間の現実を学問的に解明する方法として大きな影響を与えたのは、フッサールの現象学であった。この現象学こそ世界と人間とを既存の伝統的な見方から解放し、現実の現象をありのままに把握するように導いた。フッサールが創始した現象学は、これまで支配的であった諸々の世界観や立場から哲学を解放し、近代主観性の哲学が設定した主観と客観の対立させる図式を解体し、意識に実在が現象として現われてくる本質を明確に把握しようとした。彼は「事がらそのものに帰れ」という標語をかかげて、「厳密な学としての哲学」を創設しようとした。この現象学の方法を人間に適用したのが先の実存哲学者たちであり、またシェーラーやプレスナーの哲学的人間学もそれと同様な試みであった。この現象学は近代の自然科学や社会科学がもっている世界観としての問題性を批判的に超克し、人間の本来的な「生活世界」(Lebenswelt) に立ち返り、今日多くの素材を提供している人間科学の成果を受容しながら発展していった。その中でもシェーラーは現象学を倫理学に適用し、プレスナーは生物学や歴史学さらに政治学に適用させ、ともに人間に関する諸科学を積極的に受容しながら、現代の哲学的人間学を確立した。

　シェーラーは最初オイケンの影響の下に一九〇四年までカント哲学の立場にとどまっていたが、一九〇七年にイエナからミュンヘンに移ったとき、つまりフッサールの『現象学の理念』の講義がなされた頃から、現象学の立場と態度とを公に表明しはじめた。こうして一九一三年にはフッサールの『純粋現象学と現象学的哲学のイデーン』第一巻とシェーラーの『倫理学における形式主義と実質的価値倫理学』第一部とが同じ学術誌『ロゴス』に発表され、現象学時代の幕開けを告げ知らせた。なおシェーラーはこの年に『現象学と認識論』を出版し、自己の現象学について明快な規定とその説明を次のように与えた。

世界は体験（Er-leben）において原理的にはそれが「対象」（Gegenstand）として与えられているのと同様、直接的に「価値の担い手」（Weltträger）および「抵抗」（Wider-stand）としてもまた与えられている。したがってまた、たとえば風景の美しさ、あるいは好ましさ、愛と憎しみ、意欲と意欲しないこと、宗教的予感（religiösen Ahnen）と信仰、というような、あることを感得する諸作用（Akte des Fühlens）のうちに……直接的に現われ、またそれに向かって輝き出るあの本質内実をもわたしたちは問題とすべきである。(6)

この言葉で明らかなようにシェーラーは科学的に解明できる「対象」ばかりでなく、「感得する諸作用」によって把握できる非合理的ともいえる情念や愛や関心を問題にし、そこに認められる志向体験と志向作用の意義を強調した。こういう考えはワイマール時代に人々の心を捉えたという点では実存思想とよく似ている。

ところでフッサールとシェーラーは同じ現象学の方法を用いながらも、研究領域が相違しているため両者の相違点も際立って来た。シェーラーは倫理学、宗教学、社会学が扱っている具体的現実のさ中で人間を哲学的に把握しようとするため、彼の哲学には人間生活の具体性と現実性が濃厚に彩を添えられた。それに対しフッサールは『イデーン』で超越論的観念論を基礎づけ、意識の分析に向かったため、主観性と観念性の色彩が強い傾向となった。それに対しシェーラーは理性よりも存在の優位を告げ、認識する主観が客観的実在に従属し、理性が現実に従うため、認識が受動的になる傾向を帯びてはいても、現象学的直観によって新しい事実からなる領域を開拓し、人間学を哲学的に組織化することをめざすようになった。

そこでシェーラーの現象学における二つの大きな特質をフッサールとの関連において指摘しておきたい。(1)彼は、多くの初期の現象学者（その中にはニコライ・ハルトマンも含まれる）と同様に、本質直観の現象学から超越論的現象学へと移行したフッサールに従わなかった。したがってフッサールの間主観性の議論が『デカルト的省察』の第五省察で他者の存在を認識論的に正当化する問題に巻き込まれ、不確実な解答をせざるを得なかったのに対して、シェーラーは超越論的現象学以前の一般的・心的現象の領域で間主観性の立場を確立した。（2）フッサールが経験の純粋に理性的構造を解明したのに対し、シェーラーは経験がもつ非合理的な本質の構造と法則を解明した。つまり無記的な科学的法則の世界ではなく、価値・良心・共同感情（＝同情）・愛憎・羞恥・共同社会といった具体的で情緒的生活に注目し、それらの現象の内にある不変の構造を見いだそうと努めた。それは「もっとも生き生きとした、もっとも強烈な、またもっとも直接的な、世界そのものとの体験交渉」であって、「直接的に体＝験という作用において与えられている」[7]。ここから彼はそれまで未開拓であった情意生活の領域における現象学的考察を創始していった。

註

（1）日本が自国の文化を残して「和魂洋才」の立場からヨーロッパの「魂」であった信仰や「霊性」を抜きにして、ただヨーロッパの産業技術のみを受容することができたのは、このような歴史的状況から説明できる。
（2）ヴァルター・ベンヤミン「破壊的性格」『著作集Ⅰ　暴力批判集』高原宏平訳、晶文社、一九九〇年、九二頁。
（3）ピーター・ゲイ『ワイマール文化』亀嶋庸一訳、みすず書房、一九八七年、iii頁。
（4）ピーター・ゲイ、前掲訳書、iv頁。
（5）J. R. Stoude, Max Scheler 1874-1928: An Intellectual Portrait, p. 24.

（6）G.W. 10, 384.『現象学と認識論』二九九頁。
（7）GW. 10, 380, 前掲訳書、二九三頁以下。

第Ⅱ章　価値倫理学とは何か

今日では生きていけるだけでよいのであって、倫理など要らないと主張する人たちが多くなってきているかも知れない。確かに生きることだけでも、とりわけ経済的に最低の生活を営むだけでも困難であることはわかる。だから政治家もその政策を経済を中心に立て、それに優るものはないと豪語するが、それにもかかわらず人間らしく生きたいという願いも否定しようもなくわき上がってくる。それは何よりも人間が自分一人だけでは、あるいは国も一国だけ孤立しては、生存していけないからである。というのも「人間」という言葉は昔から『孟子』にもあるように「じんかん」と読まれていて、『大言海』という大辞典によると誤って「にんげん」と読まれるようになったといわれる。ここからさらに他者との共同生活も不可欠であるだけでなく、他者との関係で悩むと、わたしたちの心にある道徳的な感覚である良心が目覚めてきて、その声がどこからともなく聞こえてくるからである。そんな声など単なる「錯覚」であると観念論者のスピノザが無視しても、あるいは実存主義者のサルトルが叫んだとしても、過ちを犯したときに感じる「やましさ」は否定しようもなくわたしたちを責めて悩ますのではなかろうか。

そこで「倫理」という言葉をよく再考してみると、「倫」とは「仲間」を意味し、「理」とは「ことわり」や「法則」を意味することが分かり、「倫理」とは仲間と一緒に生きる生き方を意味することが知られる。この意味でもって古今東西にわたってさまざまな倫理が説かれてきており、その中でもこれまで人間の善い性質を育成する「形成倫理学」とか道徳法則を重んじる「義務倫理学」などが強調されてきた。わたしたちが学ぼうとするのは、それに続く第三の倫理学説であって、シェーラーによって説かれた「価値倫理学」である。では、この新しい学説は何を問題にしているかというと、諸々の価値あるものに人間の愛がどのように関わって行動しているかということである。そこでは「価値優先」と「価値序列」ということが重要な問題と見なされるが、そこで働いているのは人間の「愛」なのである。この愛の理解の中にこそシェーラー哲学の核心が見いだされるのであるが、価値と愛の関係から先ずはそれを探求していくことにしよう。

1　価値優先

価値は、「どちらが大切であるか」という価値の選択に直面するとき、わたしたちにとって決断すべき大問題となってくる。学校の選択や就職また結婚などの選択を迫られる重大問題は別としても、わたしたちの日常生活が現実的には具体的な多様な財にとり巻かれているかぎり、価値選択は切実な問題といえよう。この財というのはわたしたちが使用しているもの、つまり物件であり、財自体は善いものであっても、それを選んで所有することは必ずしも善とはいえないものもある。財をして善ならしめているものこそ物的な価値であって、それは価格という値段が付けられる。しかし価格だけが問題なのではない。たとえば空気や水のように価格がなかったり、あったとしても安かったりするが、それでも生命維持には不可欠の価値物なのである。そこには生命に関わる価値が含まれている。一般的にいって価格とは経済価値をいうのである。では倫理学はいかなる価値に関わるのであろうか。それはすでに示唆されているように「善」という精神価値である。ところがわたしたちの日常生活は実質的には物質的な財との関わりをぬきにしては考えられない。とはいえ、わたしをとり巻く物質的な財はそのうちに価値を含む価値物であり、物的財によって現象している価値、つまり実質的な価値なのである。ここからシェーラーの倫理学は「実質的価値倫理学」と言われる。だからといって彼の倫理学は価値を担っている物を問題にしたり、考察したりするのではない。たとえばわたしが今いるこの部屋とか椅子とかいう財を直接扱うのではなく、そういう物を通して現象している価値、つまり「快適」や「心地よい」という価値である。この「快適」はすぐれた価値であり、「実質的な善」と言うことができる。

このような意味で価値は多様なものであり、多様な価値の間で何を優先的に選択するかということに各人の生き方や価値観が表明されている。この優先には何を後回しにするのかという「後置」が同時に付きまとっている。この点についてシェーラーは次のように語る。

すべての諸価値は本質的にある位階（Rangordnung）を成し、したがって相互の関係においてより高い、またはより低いものであり、そしてこのことはまさに先取（Vorziehen）および後置（Nachsetzen）「において」（in）のみ把握できるがゆえに、諸価値そのものの「感得」（Fühlen）もまた本質必然的に「先取」および「後置」にもとづいている。……したがって先取および後置のそのつどの構造によって、わたしたちが感得する価値諸の性質の範囲もまた限定される(1)。

ここに先取と後置という優先順位がわたしたちの価値感覚によって起こっていることが示される。二つの物があってどちらかを先取する選択が日常生活では絶えず起こっている。わたしたちが何かを先取するのは、そのものに「価値」がある、「意味」がある、「大切」であるからこそ起こるのである。したがって価値の序列や位階が生まれてくるのは、何を優先的に選び取り、その他は後置されるかによって決まるが、そこには諸価値がどのように感得されているかが起こっており、各人の多様な倫理的な生き方が示される。そこで歴史上の有名な価値選択の実例に即してこの「価値優先」の中身について考えてみよう。

（1）ソクラテスが「大切にしなければならないのは、ただ生きるのではなく、善く生きるということなのだ（2）」と語っているとき、そこに単に生きることだけをめざすという「生命価値」と人間らしく善く生きる「精神価値」との差異が「大切さ」という価値の指標にしたがって選択されている。

（2）プラトンの『ゴルギアス』に登場する権力主義の政治家カレリクレスがアテネ市民に迎合し、自らを料理人とみなして国民に「最大の快楽」を与えるべきだと説いたのに対し、ソクラテスは真の政治家としてアテネ市民の「最善」を願って生命を守る医者であると主張する。ここに最大の快楽と最高の善とを志向する生き方の相違、つまり快適価値と精神価値との相違が示され、前者を退けて後者を選択しているところにソクラテスの価値優先と価値観が表明されている。

（3）一般に人々が求めている快適価値というものは単なる快楽主義によってめざされているものではない。たとえば快楽主義者といわれるエピクロスのことを考えてみよう。彼が追求していたのも心身に苦痛のない生活であって、快楽よりもむしろ快適な生活であった。またアリストテレスも快楽を求める通俗の幸福観に反対し、知者の幸福を観想的な生活からなる知的な快適を推奨したのも、正しい快適価値の理解によっている。快楽主義に対立する禁欲主義のストアの賢者たちは、知性によって情念を支配するように説いて、精神と物質との関係を「基礎づける」と「基礎づけられる」という二つの関係として把握し、価値を高低で秩序づける道を確立した。また善とも悪ともいえない中立的価値（たとえば意志・愛・自然状態など）を説いた点も注目に値する。

（4）キリスト教の時代に入ると、人は神の前にすべて平等であり自由な人格であることが力説され、「人はパンだけで生きるものではない。神の口から出る一つ一つの言葉で生きる」（マタイ四・四）とイエスによって説かれたように、宗教的な人格価値が物質的な価値に優先し、人格主義によって奴隷の解放が実現されるようになった。

（5）キリスト教古代末期を代表する思想家アウグスティヌスは善を永遠的な善と時間的な善

とに区別し、一時的なものに対し永遠に持続するものを選ぶべきであると説いて、価値優先の規準を「永遠性」にもとづいて立てた。ところで永遠なものとは、時間を超えた無時間的なものではなく、時間の中にあっていつまでも持続するものを言う。それゆえ永遠の善とは、神に属するもの、徳行、善き意志、カリタス（神的な愛）であり、時間的で地上の善とは現世的なもの、富・名誉・健康・才能・美貌・身分などである。また彼は最高善なる神を信頼することこそ人間にとっての善なのであり、「地上の善を使用して享受〔つまり楽しむことを〕せず、神を使用しないで享受する」(3) ことを生活上の実践的指針とすべきであると説いた。

（6）　近代では科学的な客観性に価値がおかれ、それを支える合理性に価値の根源が移った。また近代資本主義の影響による功利主義的価値観が支配し、フランクリンの「時は貨幣《かね》である」や「信用は金になる」という考え方、またベンサムの「最大多数の最大幸福」のスローガンによく示されているように、価値に多数という量の規定が加わってきた。したがって民主主義の原理である多数決も量的な価値にもとづいている。つまり多数の者が支持するがゆえに価値があるという価値優先が支配する。だが宣伝や煽動によって群衆を操作し、多数の支持をとりつける扇動政治家の暴力的圧力が、真理に対して加えられるようなこともおこりやすい。また、「数のロマンティシズム」（ヴェーバー）が浸潤し、事業の量的拡大や仕事へのファナティズムまた速度の数値を上げようとするスピード・マニアなどが激増した。なおアメリカのプラグマティズムは実用性に価値の基準を置き、実用的に有効でないものには価値を認めようとしないで、有用価値を優先させた。

2　価値序列の法則

価値優先は二つもしくは複数の価値の間での選択によって明らかに示される事態であり、価値優先にもとづいて価値序列がそこから必然的に導きだされる。しかし何を最高価値と定めるかは、時代により環境によって変化しているため、時空を超えた絶対的な価値序列（価値表）を提示することは不可能である。ところが、すべての人に妥当する標識（メルクマール）を考えることは可能であり、そこから価値序列の法則をとりだすことができる。この法則についてマックス・シェーラーが最初に「五つの標識」を立てており、それを修正する仕方でニコライ・ハルトマンやハンス・ライナーが序列を説いている学説を参照しながら価値序列について考えてみよう。

シェーラーの五標識　シェーラーは『倫理学における形式主義と実質的価値倫理学』（以下『倫

理学』と略称する）の中で価値序列について五つの標識を提示している。（4）

（1）価値は持続的であればあるほど高い。
（2）価値は分割されることが少なければ少ないほど高い。
（3）基礎づける価値は基礎づけられた価値より高い。
（4）価値の高さの基準とみなされるものには価値感得に伴う「満足の深さ」がある。
（5）高い価値ほど相対的でなく、最高の価値は絶対的な価値である。

この五つの標識について分かり易く説明しておこう。

（1）価値は持続的であればあるほど高い。価値に時間の規定を与えたのは既述のようにアウグスティヌスであった。束の間の持続性しかないものに価値がありえようはずがない。「安もの買いの銭失い」の格言もあるように、持続性の高いもの、永遠にわたって続くものこそ価値あるものである。たとえば利害関係による友情は束の間のものであり、真実の愛に立つ友情は永遠を宿している。しかし美的な価値はかえって一瞬の儚いものに宿っているのではなかろうか。だからゲーテのように「美しい瞬間」に向かって「とまれ」というのは、それが持続するのは無理ではなかろうか。

（2）　価値は分割されることが少なければ少ないほど高い。その意味は人がそれに参与するとき、分割されなければならない度合いが少ないものほど価値が高いということである。食物のような物質的な財は、みんなで分け合って食べることができるが、芸術作品のような精神的な財は分割できない。ところがパンは分割してもほんの少数の人に分かたれるにすぎないのに、分割できない芸術作品は鑑賞する多くの人々に精神的価値を無限に豊かに伝達する可能性を秘めている。さらに財産のような分割可能な物的財は争いを巻きおこすが、分割不能な精神的財は関与する人たちの間に深い満足と強い結びつきの絆を生み出す。確かにそうであるが、そうはいっても旧約聖書に物語られる双子の兄弟エサウとヤコブのように飢餓に見舞われた場合には、分割可能な食物は分割できない長子の家督権よりも価値が高いと感じられるが、反対にパンについて「分かたれないものは祝福されない」とも言われているように、パンの分割可能性は価値の内容となっている。

（3）　基礎づける価値は基礎づけられた価値より高い。他の価値によって基礎づけられない価値ほど高く、低い価値は高い価値に依存する。価値は一般に高低の四つの段階をなし、精神価値・生命価値・快適価値・有用価値に区分される。この高低の区分は「基礎づける・基礎づけられる」という関係から生まれている。たとえば道具の有用性は快適なものを製作するためであり、有用価値は快適価値によって基礎づけられ、生命と快適との二つの価値は、「良薬は口に苦し」といわれるように、快適を犠牲にしても生命は選択され、生命があってはじめて快適も意味が与えられる。確かにそうである。しかし何を最高価値に置くかは人により異なることもある。プラグマテイスト（実用主義者）は有用価値を、快楽主義者は快適価値を、「生命への畏敬」を説くシュヴァイツァーは生命価値を最高のものとして立てており、それによって他の諸価値を基礎づける。

（4）価値の高さの基準とみなされるものには価値感得に伴う「満足の深さ」がある。これは充実の体験を言っており、「充実」は単なる快楽とは関係がない。また物質的な満足（たとえば満腹）は強く感じられても、表層的であり、決して深い満足を与えない。満足の深さとしての充実は人間の生の深みに関わっている。ヤスパースが人間の「交わりの不満」から実存への突破が生じると言うときにも、この充実が問題となっている。実際、今日の文明社会における充実は虚しいものの充満にすぎず、清貧における霊的な充実が完全に失われていることが想起される。

（5）高い価値ほど相対的でなく、最高の価値は絶対的な価値である。相対的というのは価値が具体的な存在に関わっている場合であり、快適価値は感覚をもった存在者によって感得されるから感覚存在者に相対しており、生命価値は生物に相対している。絶対的とは相対物を超えて、それに依存することなく、物体や生体から独立して価値が先き取りされ、先取された価値にしたがって判断が下される場合をいう。たとえば真の友情は有用、快適、生命の価値をめざさないので、相手の有用、不幸や不在に関係なく、人格に関わっている。したがって真・善・美・聖といった精神的価値は絶対的であるといわれる。

シェーラーは価値を高低において序列し、このような五つの標識を提示することによって価値序列を①精神価値、②生命価値、③快適価値、④実用価値という四段階で設定した。しかし精神価値には真・善・美という価値が認められるが、その上にそれらを超えた価値として聖価値が立てられるので、価値の五段階説とも呼ばれる。ところで、この価値序列はキリスト教的ヨーロッパの伝統的価値観を表明しており、聖なるものとしての神という最高価値を否定すると、無神論やニヒリズムとなり、この段階説は現代においてはもはや妥当しなくなってしまう。少なくともその疑義が残る。それゆえこの五段階説は一応の妥当性が認められるにしても、決定的なものだとは言えない。

さらにシェーラーの説を批判的に修正している次の二つの学説も考慮すべきであろう。

ニコライ・ハルトマンの学説　同時代の哲学者ニコライ・ハルトマン（一八八二―一九五〇年）は存在段階説を立て、物質・生命・意識・精神の四段階の間に共通に妥当する法則を明らかにし、シェーラーの高低の序列とは相違する強弱について次の三つの法則を提示した。

（1）強さの法則。高い存在は低い存在に依存している。それゆえ高い存在はつねに被制約的であり、その意味で弱い存在である。ところが低い存在は無制約的であって、強い存在である。確かに物質はすべての存在の基礎であり、これなしには上位の存在はあり得ないほど強力である。強さという視点から見るなら、この法則は妥当する。

（2）質料の法則。低い存在というのは上位の存在に対する単なる質料にすぎない。しかし低い存在は強い存在であるから、下位の上位への制約はその道徳的な影響力による。下位の存在は上位の質料であって、質料の中に強さが認められると、プラトン主義の形相と質料の関係に優る作用がそこには認められる。

（3）自由の法則。高い存在は下位の存在の上に築かれる新しい形成物である。だから高い存在は、下位の存在に対し依存的であっても、自由の活動の余地をもつ。この法則は（1）と正反対の方向でとらえられており、自由が現実の制約の中で自己実現する働きを捉えている。確かに歴史の現実はこのようであって、それは現実の状況の必然性に従わねばならない側面とそれに対する主体的自由の決断の側面との二つの総合から成り立っている。

このような強さの法則と自由の法則とによって価値の高低に対し強弱の視点を加えることによって、価値序列はいっそう具体化され、低い存在なるがゆえに価値が下がるのではなく、上位の存在を制約している点で選択に考慮が加えられることになり、状況にいっそう適切な価値が決められることが可能になる。

ライナーの学説　現代の価値倫理学者ハンス・ライナーは現象学の立場から価値選択の新しい基準を立てる(5)。その場合の基準はシェーラーのような価値の高低でも、ハルトマンのような存在の強弱でもなく、状況を重要視する倫理学のように「適切さと誤り」に求められる。具体的な状況の中で価値は洞察にもとづいて捉えられる「適切さ」によってきめられ、その結果「喜ばしいもの」が生じる。この適切さによって優先的に選択されるものが、正しい価値なのである。

このような優先の基準は次のように定められる。(1)時間的に切迫しているもの。(2)数量の多いもの。(3)確実性の度合いの高いほう。(4)実現の見込みがあるもの。(5)既存価値。(6)すべての人を参与させる措置。(7)人格的能力のある人。(8)同一人物の中ではもっとも優秀な能力。(9)良心の指図。

このような基準は状況の変化とともに変っていくもので、具体的な現実に即した価値優先であると指摘されている。しかし優先の序列といった一定の枠組みはここにはなく、その都度の状況に左右される受動的な傾向となることをまぬがれない。状況価値というものが仮にあるとしても、状況そのものが可変的であり、社会的、個人的、主体的な状況の諸因子のすべてにわたって適切な行動を規定することは困難となり、価値の客観性が失われるようになると思われる。

このようにシェーラーの価値序列の法則は修正を受けているのであるが、日常生活で実質的に価値が序列をなしているという説は価値の強弱によって影響を受けやすく、そうすると現代の社会や政治において精神的価値の正義ではなく、経済価値という最低の実用価値が最高位にのし上がって来ることが起こる。ヨーロッパ社会においては古代では民族という生命価値が、中世では聖価値という最高価値の世俗化した権力という生命価値が君臨し、近代以降では経済価値という最低の実用価値が支配的になった。シェーラーもこのことを認めている。こういう現実にあってもヨーロッパでは先の五段階説が伝統として堅持されてきたと彼は確信する。そこでわたしたちとしては彼の説に一応の妥当性を認めることで彼の倫理学説を検討することにしたい。

3　倫理的善と愛憎

では価値倫理学の唱導者シェーラーは倫理的価値である「善」をどのように理解しているのか。これまで述べてきたように、価値を高低という序列によって捉えている彼は、善をより高い価値の実現において捉え、しかも人格の価値はそれを実現する作用に伴われているのであるから、「より高い価値の実現に向かう作用が善であり、より低い価値の実現に向かう作用が悪である」(6)と規定した。

この善と悪との規定が実は彼に愛の本質を理解するに当たって決定的な影響を及ぼしたといえよう。ここから他者に向かう愛が「善」である場合には他者のもとでより高い価値を志向しており、それが「悪」である場合には「より低い善」を志向すると考えられたのである。前者が愛憎現象における「愛」であり、後者が愛憎現象における「憎しみ」なのである。そのさい、より高い価値を感得するのに倫理感覚が愛によって働いており、より低い価値を感得するのに憎しみが働いていると彼は主張する。このことを理解しておかないとシェーラーの愛の思想は不可解になってしまう。

そこで彼が問題にするのは抽象的な愛の思想ではなく、あくまでも人間の間に起こっている現実的な愛憎現象であることを銘記する必要がある。シェーラーは人間的な愛の現象を一般的にいってその直接的なあり方である愛憎の下で考察する。そのさい愛が一転して憎しみに急変する場合には、愛が相手の人格に向かわないで、人のもつ特定の価値（たとえば美貌や才能また所有物）をもっている感覚的対象に、つまり価値ではなく、価値物に向かっているときである。この点にかぎって見るならばパスカルの洞察はきわめて鋭く、彼はパスカルと同じ視点に立っている。パスカルは言う。

だが、ある人が誰かある者をその美しさのゆえに愛するとしたら、その人はこの者を愛しているのであろうか。いな。なぜなら、天然痘がこの者を殺さず、この者の美を殺すならば、その人はもうこの者を愛さなくなるであろう。……されば、人は決して人を愛さない。ただ特性を愛するだけである。したがって職や役のゆえに尊敬される人々を軽蔑しないようにしよう。なぜなら、人は借りものの特性のゆえにのみ愛せられるのであるから。(7)

パスカルの鋭い洞察は、愛が一般の人々の間では感覚的対象に対する欲望に動かされていて、身体的表層に向かっていることを捉えた。この場合、性愛は感覚的欲望によってつき動かされていて、真の愛から離れて、欲望の虜となっている。もし愛が他者の人格または存在自身に向かっていれば、感覚的対象の変化や消滅とともに終息するはずがない。シェーラーもこの点でパスカルと同様に次のように語っている。

愛と憎しみの志向がめざす当のものは、他の価値にくらべてある価値を「先取する」場合のような、価値もしくは「より高い」価値そのものではなく、むしろ価値を含んでいるものでありかつ価値を含んでいるものであるかぎりでの諸対象である。わたしは価値そのものを愛するのではなく、価値を含んでいるなにものかをつねに「愛する」のである。(8)

ところがシェーラーは、愛憎こそ相手の評価可能な性質へではなく、むしろ個体的中核へ、価値中核へ向かう優れた現象として捉える。つまりパスカルでは愛憎が消極的な概念であったのに対し、シェーラーでは人格の本質に迫る積極的な現象である愛をそれによって把握し直される。ここが重要である。彼は愛の現象をまず情緒的な愛憎において考察する。それは「愛および憎しみとは、価値内容そのものに対して、情緒的態度のもつまったく根源的かつ直接的なあり方である」ことによる。そして愛憎は価値そのものよりも価値を含んだものに直接的に関与しながらも、愛はその対象のもっている可能的な最高諸価値、または理想的価値存在に至る倫理的に善なる運動であるのに対し、憎しみはその反対方向への運動であると彼は説いた。しかも愛がもし相手の人格の中心に関わり、その最高諸価値の実現に至る運動であるとするならば、この愛は決して憎しみに変わることはあり得ない。そこには人格的な共同が目ざされているからである。それに反し憎しみは相手の価値を引き下げ、ついにはその存在の破滅にいたらせるとしたら、人格的な共同の完全な否定となる。シェーラーはより高い価値の実現を真の愛の本質とみているが、そこには同時に人格の共同が基礎として存在していなければならない。それゆえ愛は共同に立って相手の人格を高めようとする運動なのであるといえよう。愛は愛憎から発していても相手に対し人格として愛する共同の実践的主体となることにより、他者との間柄を主体的関わりのうちに創造している。こうして倫理の主題たる「間柄＝倫」が創造されるようになるゆえに「倫理的善は人間の間柄を創造的に発展させる作用であり、悪とはこの間柄を破壊する作用である」と規定することができよう。

　このようにシェーラーの価値倫理学の枠内では「善」と「悪」とが規定され、愛憎現象においてもこの規定が反映し、愛において「より高い価値」が志向され、「憎しみ」においては「より低い価値」が志向されるように考えられている。ここに一般的な理解と相違する愛の思想が生まれてきていることに留意すべきである。

註

（1）G.W. 2, 107.『倫理学』第一巻、一七五―一七六頁。
（2）プラトン『クリトン』世界の名著「プラトンⅠ」中央公論社、四七三頁。
（3）アウグスティヌス『神の国』XV・7, 1.
（4）G.W. 2, 107-114.『倫理学』第一巻、一七七―一八八頁参照。
（5）遠藤孝『現象学的価値倫理学』理想社、一九七三年、二〇六頁以下を参照。
（6）GW. 2, 48.『倫理学』（上）七六頁。
（7）パスカル『パンセ』L688、B323 津田譲訳、新潮文庫。
（8）GW. 7, 151.『同情』二九四―二五〇頁。
（9）GW. 7, 151. 前掲訳書、二五〇頁。

第Ⅲ章　他者認識の現象学

現代は精神史的に見るならば、近代の終末というべきであり、近代における理性的自律の主体としての自我が、今日問題的なものとして再考を迫られているといえよう。それはおそらく、近代の主観性の哲学が強力な自己主張と圧倒的優越性の下に蔽い隠してしまったものを、再びとりもどし、体得することを求めているといえよう。確かに「自我」の主張は当然のことながら、「他者」を押しのけ、他者の根源的「異他性」を抹殺して、他者を「他なる自我」つまり「もう一つの自我」として平均化するであろう。それは「自己主張欲」にまで変質したといえよう。「他者」問題は、このような近代的人間の自覚について批判的に検討するように立てられる。自己と他者という「と」で結ばれた二者は元来相互に関連しているので、どちらか一方を分離させて、抽象的に論じられる性質のものではない。そうすると主観―客観的な認識構造、つまり見るわたしと見られる他者という一方的な関係しか残らないであろう。

人間の現実的なあり方はなによりもまず他者および他の事物と直接に関係し、交渉するただ中に求められ、自己の本来的あり方は他者との相互的な間柄に立つものである。人間は身体を通じて他者および他の事物に触れて、これらとの交渉関係において成り立つ実践的主体である。実践は身体を介して物体的世界を伴った他者との現実的関係の中で起こっている。この実践的関係の世界の中で自己は育成され、この関係を自己の思想によって生きかつ発展させ、この関係の中で自ら成熟して人格としての完成に到達するようになる。現代における人間的な危機の実体は、おそらくこの関係への意志をなくし、あまりに自己中心的となって、社会的連帯の意識を喪失し、自ら孤立し、その結果個人が生きる意味を見失っている点に求められるであろう。他方、このように個人が無意味になってしまうと、個人の倫理的な力が喪失するに応じて集団主義的意識と思考が強力に支配し、全体主義的力の論理が前面に出てくるようになる。このことは共同体の崩壊過程を伴っており、この共同体を回復するという現代の最大の問題がわたしたちに提示されていることを意味する。哲学はこの時代に内在する問いに触発されて思索を開始しなければならない。この意味でわたしたちは「他者の問題」をシェーラーから学ばなければならない。

1　他我の知覚理論に対する批判

わたしたちが自己を認識することがいかに困難であるかは、ギリシアの昔から説かれてきたが、他者を正しく認識することもそれと同様に不可能に近い。とりわけ自我意識に目覚めた現代ではそれは困難である。これまで他者認識もしくは他我の知覚の問題は、類推説と感情移入説によって説かれてきた。ところがシェーラーはこれらの説を批判し、それに代わる一体感説を説いた。先ずはこのことを検討してみたい。

(1)　類推説

類推説は他人の表情から、それと同じ場合の自己をとらえて他者へと類推するという説であり、人は自他に共通の原因から同じ結果を推論するが、同じ結果から同じ原因へと推理しうるものではない。ディルタイによって説かれたこの学説は彼の解釈学に由来する。解釈学は生の体験・表現・理解の三つの契機から成立する。著者の体験はその著作に表出されているが、これを理解するためには解釈者が著作を読んでその書かれている事柄を追体験し、この追体験から原著者の原体験を類推して理解するように試みねばならない。理解は説明とは相違している。説明がある対象について距離をおいて外から観察し論じるのに対し、理解は著者と解釈者の体験の同質性にもとづいて遂行される。解釈者はこの体験の同質性に立って追体験し、著者自身も気づいていない前提を明確にすることによって、著者自身よりもいっそう深く著者を理解しうる。(1) このようなディルタイの解釈学から類推説は生まれて来た。

(2)　感情移入説

感情移入というのは自己の感情を客体的にとらえ、これが知覚対象と溶け合うことを意識する作用で、心的連合作用の形式である。しかもある表象と感情とが融合する有様を言うのであって、リップスによるとこれが美意識の根本原理であるとみなされる。彼があげている例では、綱渡りを見ていると坐っている人が自分のうちに綱渡りの所作を表象するばかりか、転落しそうで危ないと感じる感情が起こってきて、これを綱渡りしている人に移し入れることが生じる。つまり自己から他者へ向けて感情の伝播を行うというのである。そうすると感情移入とは感情による類推にすぎないといえよう。フッサールは感情移入という心理学的連合作用が生じうるためには、自己と他者との間に「根源的対《つい》関係」が前提されていなければならないと主張し、かつ対化連合の現象には相互的主観性という根源的社会性が基礎となっていると説いた。

（3） 一体感説

それに対してシェーラーは他我の認識はわたしの自我体験から他者を類推することによっても、また感情移入によっても実現しないと主張した。なぜならそれらは他者の存在を自己に類似しているものとみなし、他者の異他性を認めないからである。事態は感情移入説の意図するところとはまったく反対であり、自己と他者との関係は異他性によって分断されている。そればかりか人間は自己のうちにおけるよりもいっそう他者のうちに、つまり共同体のうちに生きている。一緒に共同生活を営むことが共同体に共属する意識を生み、そこに他者と自己とを同一視する働きが起こり、他者との一体感が生まれる。群衆は指導者と自己とを同一視する。また同郷の友とはすぐに一体感をもつ。これは不随意に生じるものが多く、共感の生命的な奔流の中で、つまり共歓・共苦の感情の中で他者は理解にもたらされる。シェーラーの共感理論は他我の知覚理論として企てられており、その一体感のゆえに自我と他我との対置を構成的なものと見ていない点になお問題が残る。それゆえ他者の原理的異質性が認められず、多数の自我の結合だけを問題にしていると批判された。

一見すると「感情移入」（Einfühlung）と「一体感」（Einsfühlung）とは、ドイツ語ではよく似ており、連結語ｓの相違しかないように思われる。だがシェーラーによるとその違いは克服できないほど大きい。この点を彼の言葉に即して考察してみよう。彼は『同情の本質と諸形式』の中で次のように語っている。

この感情移入説の理論が理解させようとするものは、単に目の見えない真っ暗な「信念」（ein blinder Glaube）であって、ある明証的な洞察あるいは基礎づけられた仮定（類推法はその本性上ともかくもそうあるように）ですらない。というのも今や感情移入の過程が、わたしたちがそこへ向けて「感情を移入する」当体の生ける現実に（mit wirklicher Beseelung der Körper, in die wir einfühlen）ぶつかるということは、ここでは全くの「偶然」にすぎないであろうから。(2)

このように「感情移入説」、別名「信念説」に対してシェーラーはそれが正当とみなし得ない仮定から出発していると批判した。彼は感情移入の事実を認めていても、この移入によって他者の心的存在が認識されることは決してあり得ないことを力説する。そこに認められるのは他者についての自分の信念だけであると彼は批判した。

先に他我の知覚の三つの理論をあげてみたが、類推説と感情移入説で根本的に看過されているのは、対象的な認識に立って他者を見ている点である。他者は表情をもっているが、この表情は心身の全体を表わす内外一如の機能であって、対象的にとらえて比較したり、推論されうるものではない。表情現象は因果律によっては推し量ることができない。また自我と他我とを体験の同質性（ディルタイ）や対関係《ついかんけい》（フッサール）から把握しょうとする試みは、一応の妥当性をもっていても、自己の体験の可能性から他者をも推量し、かえって他者に対しあらかじめ制限を加え、他者の異他性を無視する。つまりわたしの経験と同じことだけしか他者の中に見ないことになる。そうすると認識した瞬間に他者はその根源的な異他性のゆえに遠ざかって見えなくなってしまう。他方、一体感説も体験の一致のみを捉えて他者との拒離が十分に捉えられていない。したがって類推説と感情移入説が自我と他我とを分離して対象的に見ているのに対し、一体感説は人格の結びつく共感の面を強調するに過ぎないのではなかろうか。他者との関係は実は分離だけでも融合だけでもなくて、「根源的な距離と関係（Ur-distanz und Beziehung）」（ブーバー）の二重性にあるといえよう。つまり他者は「邂逅」と「対話」によって理解にもたらされる(3)。

近代哲学の特質は、認識する者の主観性が確立され、それによって認識論を大きく発展させたことに求められる。この認識論は自然科学や社会科学という客観的な対象領域においては偉大な成果を収めたが、人間科学の場合には全面的には開花するに至らなかった。それは人間が自然物のように対象化されうる側面と人格のように対象化され得ない側面との二重性が認められるからである。[4]したがって後述するような人間と人格との区別がなければならない。そこにわたしたちは他者認識のアポリア（難問）を見いださざるを得ない。

2　他者認識のアポリア

そこで他者認識のアポリア（解決できない難問）について考えてみよう。これまでの他者認識はわたしとあなたとの共通性に立脚して推論が行われてきた。シェーラーが説く一体感もある意味で共通性と似ている。確かに共通性は不可欠であるように思われるが、実はこれだけでは他者の他者たる異質性を捉えることができない。この他者の異質性は、異質であるがゆえにわたしたちに対しそれを認識するように促すが、仮に他者の認識が実現するとしたら、そのような他者はもはや異質な他者ではないことになってしまう。他者はどこまでも他者であらねばならない。これこそ他者認識の真のアポリアといえよう。というのも他者の異質性は一種の根源性をもっていて、わたしたちに問いかけて、認識へと駆り立てるが、異質性が完全に克服されるほどに認識が進むとしたら、他者の他者たる特質と所以とはもはやなくなるからである。

しかし他者の異質性を保ちながらもその独自性をそれとして認識することは決して不可能ではない。性質を異にする特殊性や独自性でもそれを際立たせることによって認識にもたらすことはできる(5)。つまり特殊性や独自性は「それに似ていても、決してそれ自身ではない」といった仕方で類似点と相違点とを積み重ねることによって、その特質を浮かび上がらせ、異他性を認識にもたらすことができる。したがって他者の異質性はわたしたちの認識を排除するものでも、不可能にするものでもなく、知覚に対する独自の「表現」としての意味をもってくる。

ところで絶対的に他者である神の場合にはどうであろうか。一般的にいって神は人間の理性にとって認識不可能である。不可知論者だけがこのように考えているわけではなく、神を超越者とみなす者はそのように考えざるを得ない。それゆえ「知られざる神」(Deus ignotus)という表象は、理性によって神を認識しようとするギリシア人にとって必然的な神の表象であった。したがってアテネのアレオパゴスの評議所に立った使徒パウロがそのような神の名称をギリシアの神々の間に見いだしたのも当然のことである(使徒言行録一七・二二以下参照)。しかし彼は語り続けて、神はイエス・キリストを通して伝達するその啓示によってのみ知られると主張した。

では、このことは人間である他者においても真理であろうか。つまり未知の「隠れた人間」（Homo absconditus）は、神と同程度に言えるであろうか。神も人もともに人格であるかぎり、同様な事態が認められよう。しかし人間同士の場合には「対話」によって「啓示」の機能は発揮される。ここではマルティン・ブーバーの対話の哲学が正当な権利を主張することであろう。他者が神ではなく人間の場合には、両者が人格存在であることの他に、少なくとも自己と他者とが本性上共通の心身から成る存在であることが認められる。その限りでは、両者にとって本性的に認識可能な共通の領域が認められよう。

ところでブーバーが対話によって他者を認識することを人格の間に限定していたのに対し、シェーラーは人格的な他者の理解を認めた上で、人間の本性の部分領域で他我知覚の可能性を検討し、現代における科学の成果を受け入れながら、人間を生命と精神の総合として捉えようとした。それゆえ現代の間主観性学説を代表するシュッツやメルロ＝ポンティの学説を参照すると、彼らはシェーラーの学説、とりわけ精神と生命、人格と自我の二元論を批判しながらも、彼の間主観性理論を継承し発展させていることが明らかとなる。

3　一体感の現象学的考察

「一体感」とはどのような現象であろうか。シェーラーは多くの事例を挙げてそれを説明しているので、それを参考までに採り上げてみよう。彼によると一体感を起こすさまざまなタイプがあって、たとえば「特発性型」（自己自身の個体的自我の中に専制的に取り込む）や「異発性型」（人間が別人の自我の中に失われる）があるが、性愛の中にこそ「相関的融合現象」が起こっており、それは「真の一体感」と呼ばれる。性愛は異性間に起こっており、他者の意識がたえず伴われている。この性愛には性衝動の性欲が伴われており、さまざまな影響を与えていても、真の性愛は愛の陶酔によって人格関係を破壊しないばかりか宇宙の生命との一体感をも伴っている、とシェーラーは主張する。こうして、それはバッカスの狂宴と秘教の根源にある原始的な生命形而上学のための主要な基盤となり、それに参加する者は「能産的自然」という一なる源泉へ身を沈めると考えられている。彼は性愛について次のように言う。

この一体感のもっとも基本的な形式（elementarste Form dieser Einsfühlung）は、疑いもなく、愛にみたされた性行為（im Liebe erfüllten Geschlechtsakt）すなわち、享受したり使用したり目的をもって行動するのとはまったく反対の行為において与えられる。なぜなら両者は一つの生の流れのなかへ（in einen Lebensstrom）……身を沈めると考えるからである。(6)

わたしたちは性愛と性衝動（性欲）とを区別する必要がある。この二つは結びついているが、後者によって前者は引き回され、混乱に陥っても、真の愛は性愛として探求される。このテキストにある享受や使用と目的というのは性衝動につきものの快楽主義や子孫を残すという実利行動を指していても、そこに性愛の意味はない。このような性愛の他にも一体化の現象は次のように一〇ほど事例が挙げられる。それは、①トーテムの動植物と自己とを同一視する未開社会の心理や指導者と群衆の結合もしくは同一視、②神人の脱自的合一を説く神秘主義や古代の秘教、③催眠術にかかった人とかけた人、④外界の事物や生命体と自己とを区別しない子供の心理、⑤憑かれた人や神がかりの状態、⑥群衆心理、⑦他我との一体感に成立する他我への愛、⑧母の子に対する情愛、⑨生命体の共力関係、たとえばスズメ蜂とアオ虫、⑩テレパシー作用などである。(7)

こうした一体感の現象と区別してシェーラーは性愛における一体感を「相関的一体化現象」と

特徴づけ、ここに一方が他方のうちに自己喪失を起こすことのない「真の一体感」が成立すると考える。このことを上述の引用文は述べている。そこでは一つの生の流れに沈潜することによって大いなる宇宙的生命との一体感に参入してゆくことも可能となり、ここに性愛の意義が求められる。「宇宙的生命との一体感に至る入口は、人間にとってまさしくもっとも身近でもっとも縁の深いところ、つまり他者の中にある、宇宙的生命である」(8)。そしてエロースの中に「人間を含めた一切の生命衝動の焦点」が存在し、官能的悦楽と人類の繁殖・維持・増加・質的改良といった諸目的の彼岸に性愛の真の意義が見いだされる、と主張する。それゆえ性行為の本質を種族の繁殖かそれとも官能的悦楽かという具合に、二者択一的に定めた、古代ユダヤ教の目的倫理とこれに淵源する性愛の思想が批判される。というのは種族を維持するための性行為は単なる再生産にすぎないからである。それに対し性愛はそこに「愛」が実現されているかぎり、新たに「より善い」「可能的」なる人間を、したがって「端的に新しい独創的個体」を生み出す「根源的創造の意図にあずかる秘密にみちた本能的参与」であり、「一体感情と融合感情」がそこに認められる。それゆえ「性愛とはかって〈存在した〉ものよりも、新しいもの・より善いもの・より美しいものを産出しようとたえず努力し意図している全体生命そのものが、あらかじめ先取的にエロースに接触することなのである」(9)と説かれた。

こうして人間の誕生に見られる新しい根源への認識や開眼は、創造がもっている驚くべき意図への参加を拓き、生命価値を単なる快適価値や実用的な利用価値に従属させるのではなく、却って生命価値から豊かな精神価値への高揚と上昇という運動の中に愛の本質を捉えるように導いたのである。それゆえ「愛はつねにそして至るところ、価値を再生産するのではなく、価値創造的な運動である」[10]と言われる。このようなシェーラーの人間の理解は、各人が全体的生命によって生まれた「独創的個体」であるという主張となり、それは、①代替不可能性、②具体的全体性、③生の必要を超える余剰性格という三つの特性を具えている。[11]この個体への愛のゆえに一夫一婦制が基礎づけられ、日本の習俗であった「期間婚」あるいは「試験婚」は批判され、さらに日本における家柄、血統、格式等による結婚形式は個体的愛の欠如をあらわし[12]、個体を生命的標識（体格・毛髪・歩き方・声など）に解消する傾向があると指摘された。したがって日本の習俗では愛が生命価値の中に閉じこめられ、そこを超えでる愛の本質が否定されていることになる。

このようなシェーラーにおける性愛における一体感の主張は、生命形而上学的な要素をもっているが、人間関係における一体感の意義を把握している点で注目に値するように思われる。たとえば古代社会における「主人と奴隷」の関係を批判したパウロがキリスト教によって実現した神との関係を「父と子」という父子関係に見いだしたように（ガラテヤ四・一―六参照）、性愛における男女の関係は「新郎と新婦」のような親密な人格的な関係として意義深いと言えよう[13]。このような人格関係から間主観的な他者認識が実現するとの希望がここに示されていると言えよう。

4　他我知覚と体験流

これまで考察してきた他者認識では類推説や感情移入説で説かれたように、他者を「他なる、もう一つの自我」(alter-ego)と見る傾向が顕著に示されていた。これらの学説にみられる自己認識に優位を与える考え方は、「だれもただ自分の思想を思惟し、自分の感情を感得できるだけである」という主観主義にもとづいている。しかし、この考えを現象学的に反省してみると、それは決して自明的なものではない、とシェーラーは主張する。なぜなら現象学的に把握された体験的な事実から考察すると、思想や感情を自己に帰する次の四つの可能性が認められるからである。

(1)　第一の可能性は「わたしたちが自己の〈思想〉を思惟し、自己の感情ならびに他人の感情(共感得における)を感得できるということよりも確実なものはない」ことに示される。たとえば読書中に自他の思想はたえず区別されているし、自分の感情は追感得される感情や伝播される感情から区別されるし、他人の意志から自己の意志は区別される。

（2）ところが自己の思想が自己のものとして与えられるのみならず、また他人の思想が他人の思想として与えられるだけではなく、第二の可能性として「〈わたしたちの〉思想として与えられる」ということもありうる。それは、たとえば、「無意識の追想」や「伝統の感化」の現象に見られる。

（3）さらに、第三の可能性として追思惟や追感得が無意識に行われると、自分の思想や感情が他人の思想や感情として与えられることもある。たとえば中世の思想家は自己の独自の思想でも古典古代の著作の中へとそれを読み込んでいって、それを自己でない他者の権威ある思想として解釈する場合がそうである。これが無意識になされると、そこに「感情移入による錯覚」が生まれ、無意識のうちの自己体験が他者体験として、他者体験から取り入れたものとして与えられることになる。他方、近代の歴史に現われている傾向は、何千回となく反復された思想を自己独自の思想として体験し、かつ、発表するということである。たとえば「われ思うゆえに、われあり」（Cogito ergo sum.）という主観的思惟の確実性などはそのよい例であろう。これは、すでにわたしたちにとって共通の、一般的になっている思想を、自己独自のものとして無意識のうちに取り出す場合に見られる現象である。

（4）　こうして、同じ自己体験が「わたしたちのもの」として、また「他人のもの」として与えられうるなら、第四の可能性として、両者の内のいずれとも未だ与えられていない事例もあることになる。たとえば両者のいずれが自分の場合であろうかと疑っている状態である。この第四の可能性は自己認識の第四段階であって、もっとも原初的段階であるといえよう。このような心的な所与性の段階は、次第に自己のものと他者のものとが分かれて発展していく、根源的出発点となっている(14)。

こうした現象学的反省からシェーラーは、体験の所与性が自己と他者とに分化する以前の共通な根源があって、「自他未決定の体験流」（indifferenter Strom der Erlebnisse）が根源的心的領野に存在することを捉えた。したがって類推説や感情移入説のように自己の体験からえた像を他者の中に移し入れるのではなく、自分のものかあなたのものかがまだ決まっていない、「自我―汝に関して未決定な体験流が〈差当り〉そこに流れている」とみなし、この流れは自他を区別しないで相互に混じり合った状態にあると説かれる。そこから人間が自己自身においてよりも他人においてより多く生きているという真に驚くべき結論が次のように導き出された。

「さしあたり」人間は自己自身においてよりも他人においてより多く生きているし、彼の個体におけるよりも共同体においてより多く生きている（Zunächst lebt der Mensh mehr in den Anderen als in sich selbst ; mehr in der Gemeinschft als in seinem Individuum.）[15]。

この根源的な未分化の状態では、他者認識は自己認識に伴われているだけでなく、これに先行してさえいる。というのも反省的な自己認識はその後に現われてくるからである。このような思想は自他が分化する前に未分化の根源的統一を置いている点で、共同感情の理論的な枠内における「一体感」（Einsfühlung）と根源を等しくする理論であり、「感情移入」（Einfühlung）と字義的に酷似しながらも内容の上では正反対となった学説であると言えよう。つまり、これまでの間主観性の学説は、自我がその自己意識から出発していって、他我の意識に向かっていたのに、シェーラーでは反対に、他者の意識が自己意識に先行し、体験された心的生の全体の流れから個別的なものは次第に自己意識に達し、自他の分化もそこから説明された。そこには人間が本質的にまた必然的に社会的存在であり、家のような生命共同体（Lebensgemeinschaft）の中で社会と完全に統合された生活をまず開始し、幼児と原始人に見られるように徐々に自己の境界を区切るようになる、と説かれた。「子どもにとって彼自身の生活は、〈家霊〉に溶け込んでしまっているので、さしあたりは殆ど完全に隠れている」[16]。ここにわたしたちはシェーラーの間主観性の基礎となっている経験的な事実を捉えることができる。これは大いなる発見であると言わざるを得ない。とりわけ、このことはハイデガーの他者理解と全面的に相違することを示している。(17)

5　人格に対する理解はいかにして可能か

それでは他者を人格としてみなす場合には、他の人格はどのように認識されるのであろうか。人格としての他者はその主体性のゆえに、事物のようには認識されない。事物の認識がどんなに容易にして明瞭であっても、他者は物でないので、簡単には把握されない。したがってシェーラーは先に述べた一体感から他者理解を具体的に展開させようとする。それは他者と体験をともに分かち合うこと、要するに一緒に行動する「合致」や「一致」にもとづく「共同―遂行」の体験から他者を理解しようとする。実際、人格の理解はそこからはじまるのではなかろうか。彼はこの「共同―遂行」からの他者についての知識を次のように語っている。

人格としての（精神的）人格（(geistige) Person qua Person）は、そもそも客観化できない存在であり、まさしく「作用」（Akt）と同じように……現存在に関してもっぱら共同－遂行（Mit-vollzug）（共同―思惟・共同―意欲・共同―感得・追―思惟・追―感得など）を通してのみ、存在に参与し得る存在である（einer Seinsteilnahme fähiges Sein）。この存在参与（Seinsteilnahme）のみが客観化して知り得る諸対象についての知の代わりと成り得るものであり、それが可能なのは、知そのものが単に存在参与の一変種、つまり対象化し得る存在への存在参与であるに過ぎないからである（da Wissen selbst nur eine Abart von Seinsteilnahme,—nämlich die Seinsteilnahme am gegenstandsfähigen Sein）(18)。

シェーラーが人格について繰り返し強調している基本思想は、人格が事物や自我のように対象化できるような存在ではないということである。人格は本質的に「作用」（Akt）であり、しかも多様な人間的作用を統一的にまとめる「作用中枢」（Aktzentrum）をもつと考えられる。人間の精神の作用には、（1）理念的思惟と直観（不可視的な根源現象や本質内容の直観）、および（2）意志的・情緒的作用（たとえば好意、愛、悔恨、畏敬、感嘆、浄福と絶望、自由な決断など）が具わっている。だが、これらの精神の諸作用を統一する作用が人格なのである。実際、意志的にして情緒的な作用は多様な性質からなっているが、それらの諸作用を一緒に用いて何らかの行動を起こす唯一の作用こそ人格にほかならない。この人格にはもろもろの要素を統一する働きが具わっているため、それによって多様な行為が統一され、一見すると多様に見える行為を一定の方向に結びつける「心情の基本線」がそこには形成される。したがって人間は精神よりも低次の「心的中枢」である「自我」を超えており、動物に固有な環境への本能による束縛と拘束から自由である。人間は精神の力によって事物と環境から、さらに自己の心的状態からも自由になり、それらに距離を取りながら対象として自己にも関わることができる。それゆえ、この作用の遂行の中に活動している作用中心である「人格」は決して自らは対象となり得ない。というのも人格は継続的な活動性なのであるから(19)。

それでは人格とその行為が対象的に理解されないとしたら、どのように人格は理解されるのか。シェーラーは先に引用したテキストにあるように対象化できない人格に対して「理解」という独自な知の様式を提起する。彼によるとこのように他者の存在に参与する基本様式が「理解」(Verstehen)であって、それはいわゆる一般的な「知覚」とは全く相違する。この「理解」については続けて次のように言われる。「或る他の精神の相存在に或る存在が精神の本質によって参与すること」(Teilnahme eines Seins vom Wesen des Geistes am Sosein einesanderen Geistes)と(20)。ここにある「相存在」(Sosein)とは他者に特有な個別的なあり方、「そのようにあるあり方」を言う、つまり「個別的で現実的なあり方」であって、それに参与することが理解するということとである。もちろん、この存在参与もしくは理解は、ある人格の自由な行為、つまり自己自身を他者に対して開示するか否かを決断できる自由を前提としている。(21)

このような存在参与の基本様式が「理解」(Verstehen) であり、理解とは一般的な「知覚」とは全く相違し、他者に「精神の本質によって参与すること」であると規定される。しかも、その他者が自己を開示することによって初めて実現するのであるから、それは両者が相互的に関与する対話によって初めて理解は実現することになる。

このような対話的な理解が可能なのは、人間の内には社会性が本質的に備わっているからである。彼によると社会が人間の意識に本質として含まれていて、社会は個体の中に最初から内的に現存している。そのため人間は外的に社会の一員であるだけでなく、社会もまたそれに関連する成員としての人間の本質となっている。このことはすでに自己と他者とに分化する以前の共通な根源を示している自他未決定の「体験流」によって示されていたのであるが、ロビンソン・クルーソーの実例に則して考察される。

ロビンソン・クルーソーは孤独な自分が一つの社会的統一体のうちなる構成員であることを体験している、とシェーラーは語って、現象学が要求する厳格な手続きにしたがって、わたしたちがもっている社会的経験と社会的意識との構造と内的な連関を解明し、それを現象学的な本質直観によって捉える。したがって絶海の孤島に漂着したロビンソンが経験しているのは、孤独感であり、共同体が欠けている「空虚の意識、ないしはその非存在の意識」であって、他者からの社会的応答が欠如するために感じる不満足、したがって愛や共同感情のような情緒的行為における不満の経験である。だが、この空虚感はかえって他者の存在に対する直観的な明証性を得させている。確かに体験している内容は孤独・空虚・不満といった欠如的なものであっても、この欠如はその反対の肯定的内容を本質直観的に示すため、そこにアプリオリな知的明証性が成立する。こうして人間は本質的に「社会的にアプリオリなもの」をもっており、意識のいつも変わらぬ要素として共同体に関与しているという結論が導きだされる。これは「本質的な社会的作用」(Wesenssoziale Akte)でもって自己の内に感得されており、この社会的作用は、具体的には愛・責任・義務・感謝といった行為に現われる(22)。それゆえこれらの行為は、他者を欠いては無意味であるし、総じて考えられない。これが現象学の用語で「アプリオリで直観的な明証性」として表明された。

こうして彼は人格と自我とが他者のそれといかに関わっているかという解明すべき課題に直面する。これが他者認識の二重性の問題、つまり「理解」と「知覚」による認識の問題である。しかし彼は「人格」間の「間主観的」理解に関してはこれまで説いてきた自説を繰り返すだけにとどまった。すなわち、同じ体験や行為の「共─遂行」や「存在参与」による「理解」が語られていても、この理解のプロセスに対する学問的考察はなされていない。

6　超越論的主観性から間主観性へ

孤立した人間が他者との関係を回復する手がかりは、キルケゴールが『反復』の中で説いている「信仰の騎士」と同じく、シェーラーにおいても信仰によって神との関係を回復し、愛によって他者との関係に生きることを決意した人によってのみ拓かれる。この点に関して次のように言われる。

「孤立した」人格（〈isolierte〉 Person）ではなくて、ただ根源的に自己が神と結びついている（ursprünglich sich mit Gott verknüpft）と自覚しており、愛において世界に向かっており、そして自己が精神界および人類の全体と連帯して一体であると感じている人格（solidarisch geeint fühlende Person）のみが、著者にとっては道徳的に価値のある人格である(23)

シェーラーにとって重要なのは孤立した近代的な個人ではなく、神と人との間を生きる人格としての人間であった。それゆえ彼はカントの主観主義や形式主義に対する批判者として登場し、とくにカントの「超越論的主観性」を批判して、神と人との間を生きる「間主観性」を説くようになった。ここで「超越論的」というのは対象を認識する主観の構造を意味しており、ものを見ているわたしの意識＝主観における認識の作用を言う。それはわたしからものを一方的に見ているにすぎない。シェーラーがとくに問題として採り上げるのは、このように一方的に見る主観ではなく、他者と人格的に交流する人間の間に起こっている事態である。彼はそこに起こっている「情緒的なもののアプリオリ主義とその法則性」であった。(24) そのさい彼は情緒的なものを感覚的・実質的なものとみなすカントを批判し、パスカルの「心情の論理」という「情緒的なものの法則性」を問題にした。この情緒的なものは人間と人間との間に生き生きと現象しており、シェーラーはこうした人間の間に生起交流している生活を現象学的に分析し、そこから優れた間主観性学説を確立した。

先に考察したように他者認識の場合には他者を独立した生ける主体として捉えて初めて理解が拓けてくる。それは対話によるほかに方法がない。だが、このような対話が前提しているものは、自己と他者との間に生起している相互性である。この相互性の原理は近代哲学で主流となっていた超越論的主観性に対しては否定的に関与する立場を採らざるを得ない。こうして近代哲学の特質である主観性の立場は、「他者」問題で困難な課題に直面し、とりわけ現象学は、積極的にこの他者認識の難問に立ち向かった。そのさいフッサールが感情移入説にもとづいて解明していった他者認識は、その超越論的主観性のゆえにこの問題にアプローチすることが困難であると、先にシェーラーによって批判された。なぜなら他者を必然的に対象化するような超越論的主観性の立場からでは、他者も対象としてしか捉えられず、他者の主観性を語ることができないからである。こうしてそれはこのような他者認識のアポリアに巻き込まれてしまうのである。

このように独自な主観である他者は人格としての他者であって、対象として捉えられる単なる人間（ヒト）ではない。人間はもはや事物のように認識される対象ではない。人間は成熟していって人格となるがゆえに、人格と人間とは区別されなければならない。この区別は晩年の傑作『宇宙における人間の地位』によってとりわけ明確に追究された。それは当時の新しい生物学的な成果にもとづいて人間の特殊的な地位を考察したことによく示されている。その地位は心的諸機能を、①感受衝迫、②本能、③連合的記憶、④実践的知能、⑤精神の五段階に分けることによって考察され、人間に固有な段階を精神として捉え、初めの四段階の中枢が「自我」であるのに対し、精神の中枢は「人格」であると規定された[25]。そして心的な生命の中枢である自我が諸科学によって認識されるのに対して、人格はどのように理解されるのであろうか。事物認識でない人間認識はどのようにして可能であるのか。この点を次の章で考察してみよう。

註

（1）この点を最初に指摘したのはカントであった。『純粋理性批判』を参照。
（2）G.W. 7, 235.『同情』三八五頁の一部改訳。
（3）金子晴勇『対話的思考』創文社、一九七六年、九七頁以下参照。
（4）本書第v章第1節を参照。
（5）メルロ・ポンティはこの差異を「ずれ」という言葉で表現する。メルロ＝ポンティ『世界の散文』滝浦静雄・木田元訳、みすず書房、一九七九年、一七七頁。
（6）G.W. 7, 36.『同情』六一頁。
（7）G.W. 7, 30-42. 前掲訳書、五二―七〇頁。
（8）G.W. 7, 116. 前掲訳書、一九三頁。
（9）G.W. 7, 121. 前掲訳書、二〇〇―二〇一頁。
（10）G.W. 7,121. 前掲訳書、二〇一頁。
（11）G.W. 7, 129-131. 前掲訳書、二一四―二一七頁。
（12）G.W. 7, 183-184. 前掲訳書、三〇三―三〇四頁。ここでの「期間婚」（Ehe auf Zeit）、「試験婚」（Versuchsehe）というのは結婚前に農村などでテスト期間中に花嫁が見習いという形で婚家に行く風習を指していると思われる。しかし家柄・血統・格式などを重視する日本古来の婚姻の仕方は、今日では消滅しかけているとしても、シェーラーがここで指摘するように生命価値にもとづいており、人格の精神価値が否定されている。

(13) この点に関してはベルナールの「花嫁-神秘主義」を参照。これについてはベルナール『雅歌の説教』金子晴勇訳「キリスト教神秘主義著作集2 ベルナール」教文館、二〇〇五年、三九九—四〇七頁を参照。
(14) G.W. 7, 237ff. 前掲訳書、三八九頁以下。
(15) G.W. 7, 241. 前掲訳書、三九五頁。
(16) G.W. 7, 241. 前掲訳書、三九五頁。詳しくは金子晴勇『マックス・シェーラーの人間学』創文社、一九九五年、一三三—一三四頁参照。この点に関して司馬遼太郎は「こどものころは、たれもが時代と地域をマユのようにして育つ」と言う（『この国のかたち』その2、文春文庫、一九九三年、一四七頁）。
(17) 詳しくは金子晴勇『現代ヨーロッパの人間学』知泉書館、二〇一〇年、一〇五—一一〇頁参照。
(18) G.W. 7, 219.『同情』三六〇頁。
(19) Person ist kontinuierliche Aktualität. Scheler, Formalismus……, S.103. Anm.1
(20) G.W. 7, 220. 前掲訳書、三六一頁。
(21) 人格の理解は対話的に他者に関わる存在の間で成立する。他者が自由に自己を開示することなしには他者の本質の理解には到達できない。
(22) G.W. 7, 224-225. 前掲訳書、三六八頁。
(23) G.W. 2, 15.『倫理学』第一巻、二五頁。
(24) G.W. 2, 73. 前掲訳書、一一八—一一九頁。
(25) 本書第X章第1節を参照。

第Ⅳ章　身体のシンボル機能

はじめに

シェーラーはこれまで考察してきたように、他我の知覚理論である類推説や感情移入説を否定し、とくにその間接推理が自己認識を他者に当てはめたり、移入したりしているにすぎない点を批判し、他我の知覚の直接性を説いた。そのさい彼は人格の非対象性を力説し、人格に対する認識を「理解」に求めた。彼は人格と自我を分け、自我が対象的に、したがって人間科学によって解明できるのに対し、人格の方はそうはいかないと主張する。そこで人格には独自な認識方法が立てられることになった。やがて明らかにされるように、それは他者の存在に参与する「存在参与」（Seinsteilnahme）であって、これによってのみ「客観化して知り得る諸対象についての知」の代わりとなり得ると説いた。これが事物認識と異なる他者に関わる間主観的な認識であって、これが他者の理解にほかならない。

だが、わたしたちは次の諸点を予め考慮しておかなければならないであろう。

（1）人間の人格は外的な行動の背後に隠されてはいないのであって、行動の中に働いている。この働きは本質的に自己の外に現われ出ている。したがって人格は身体によって覆のように隠されているのではなく、外的行動は内的自己の具体化にほかならない。人格は現に存在し、身体において現われ、わたしたちは直接的に接近できる。

（2）人格的な生命のもっとも本質的な現象は疑いの余地なく思考と自由である。これらの現象は隠れていないのであって、思考の原初的で最も本源的な形態は、単なる内面的な思考ではなく、それが具体化される行動のうちに見いだされる。

（3）行動は身体を通して実現される。この行動は身体を通して一定のパターンをとるようになる。しかも人間的な行動は自己が理解したものを具体化することにほかならない。実際、思考によって内的に理解したものは行動によって具体的に示される。人は自分の手でもって、身体の運動でもって、それゆえ行動を通して「考える」のである。そこに身体の表現力が認められる。この種の知は目に見えるし、それとして直《じか》に知覚できる。そしてわたしたちはそれを直ちに、無媒介に理解する。

（4）　ここからわたしたちはデカルト的幻想、つまり思想は本質的に内面的なものにして近づきがたいものであり、言葉によるコミュニケーションは二次的で偶有的な現象である、との幻想を廃棄しなければならない。わたしたちは行動と言葉とに具体化されている思想を直接的に理解し、他者をも理解するように学ばなければならない。

（5）　人間は可能性のすべてを一挙に実現できず、人格の諸側面は潜在的な状態にとどまっている。このような隠されている可能性はある出会いのうちにおいてのみ現実化する機会を待っている。人格は「無限な潜在性」（ベルグソン）としてその特徴が示される。したがって人格は外的な知覚の対象とはなり得ず、この外見の背後に現実化されうる無限の可能性が秘められていることになる。というのも人はその潜在性においてそれまでの成果や結果を超えているかもしれないからである。また人は自己実現に関して、ある種の自由をもっており、利口な人は会話の最中に自分を知らせるのを抑制することができる。そのような人はソクラテスのアイロネイア（皮肉）のように無知と無能を装うこともできる。

　では、わたしたちはどのようにして他者の人格にじかに接近することができるのであろうか。それに対するシェーラーの見解は傾聴に値すると思われる。

1　身体と環境世界

シェーラーは身体論を組織的に考察してはいないが、身体と環境世界との関連にいち早く注目したといえよう。それを彼は知覚という認識作用の観点から考察する。この点も実に興味深い観察である。彼は知覚の背景に環境が多くの知識を貯えている貯蔵庫のように備わっていることを次のように語る。

環境（Milieu）は一つの直観的全体（ein anschauliches Ganzes）として一切の知覚内容にとっての背景を形づくっているのみならず、またいわば知覚内容がそこから取り出される貯蔵所（Reservoi）を形成している。たとえばわたしの部屋のなかの諸対象は、注意領域（Aufmerksamkeitssphäre）に引き入れられていないのみならず、決して知覚されてすらいなくても、なお有効に体験されている。それにもかかわらず、それらの諸対象の変化はわたしの全体験を変化させるであろう。こうして「有効な環境」（Milieuwirksame）がより広い圏域として知覚領域を取り巻いているが、それは知覚領域（perzeptive Sphäre）が関心

（Interesse）領域を、そして この関心領域が注意領域を取り巻いているのと同様である。(1)

このようにシェーラーは、わたしたちの知覚の背景には環境がその知の源泉として取り巻いている、と言う。もちろんわたしたちは世界開放性によって本質的な世界に開かれており、動物の周囲世界とは本質的に異なる世界をもっているが、人間の身体が環境を通してどのような世界をもっているのかを考えてみたい。身体は人格・自我・身体という三区分のうちの一つに属しているのみならず、「身体という統一体」（Leibeinheit）としては単なる「物体的身体」（Körperleib）とも分けられる。こうした構成からなる人間はどのような世界との関連の中に置かれているのであろうか。そこには人間と世界との間に相関関係が次のように見いだされる。

①　人格（Person）	世界（Welt）
②　身体（Leib）	周囲世界（Umwelt）
③　自我（Ich）	外界（Aussenwelt）
④　物体的身体（Körperleib）	死せる物体（toter Körper）
⑤　身体魂（Seele）	身体自我（Leibich）

シェーラーは人間と世界とをこのような相関関係で捉える。外的知覚の対象として「身体物体」があり、内的知覚の対象として「身体魂」が分けられ、これらを基底づけるものとして「身体」が生命体としてそれを「統一」するものとして据えられる。この分類ではこの「身体」という統一体が生命体として「物体的身体」と「身体魂」から独立しており、独自の実質的世界を形成すると説かれる。その世界こそ「周囲世界」もしくは「環境」である。

身体という統一体は外的および内的な知覚から全く独立的に、直接的に直観的な、実質的に同一の内実として、また全体として、わたしたちに与えられている。そしてこの身体という

統一体こそが、「周囲世界」に対する本質的な相関項である。(2)

また統一体としての身体に、同じく諸作用の統一体である人格が対立しているが、人格に相関している対象は広大な「世界」であって、「周囲世界」ではない。なぜなら「周囲世界というのは、世界の内実の内からただ身体という統一体にとって重要な、そしてこの統一体において有効なものとして体験された諸内容だけが精選されたものである」(3)からである。このような周囲世界は「環境」(Milieu)と呼ばれるが、この環境の概念には単なる周囲世界と異なって、「身体との適応」という意味が含まれる。この環境は「ある生物自身に効果を及ぼすものとして体験された世界の総体あるいは統一的全体」であると規定される。(4)こうした環境と身体との関係についてシェーラーは立ち入って論じ、たとえば同じ森の中にいる山林調査官と猟師また散策者では世界は同じでも、環境が違った姿で現われる、と言う。つまり人間の注意とか関心とかが世界の中から自己の環境に適するものだけを求めているわけである。こうして知覚の領域内にあるもの(=世界)も環境によって「基底づけ」られていることになる。つまり「環境というものは感性的に知覚されるものの総計ではなく、わたしたちはただ〈環境に属しているもの〉を感覚的に知覚しうるにすぎない」(5)。それゆえ同一の知覚領域にいても、たとえば同じ木の中に住んでいる栗鼠と蜘蛛、同一の森における雄ノロシカと人間さらにトカゲなどのように、動物種の相違によって環境は異なるし、人間でも先に挙げた山林調査官と猟師また散策者といった個々人によって環境は相違したものとなる。こうして人格が精神の中枢にして多様な行為を統一する中心であるのに対し、身体は環境世界との接点であって外的・内的知覚を統一的に基底づける中心である。それゆえ人格と身体とは心身の全体構造を統一する両極をなしている。自我と身体との関連は、さらに知覚や表現機能また環境世界との関係を通して考察される。

環境として与えられている世界は、身体にとって有効なものとして体験された世界であって、知覚の対象と主観によって捉えられた対象との中間領域に属する。たとえば「環境に属する太陽」は、知覚によって観察される「天文学の太陽」でも、主観によって客観的に思考される「太陽の表象」でもない。それは身体に欠くことのできない「わたしに効果を及ぼすものとして体験されており」、「実践的に考慮される」ものである。それゆえ「環境を構成する事物はわたしたちの知覚的な諸対象とあの客観的な思考された諸対象との中間領域に属する」(6)ことになる。この独自な領域こそ、今日、高度に発達し工業化された社会にあって環境問題を引き起こし、重大な関心の的となっている。それゆえ人間と世界との関係が身体と環境との関連でどのように相互に関わっているかを考察したシェーラーの思想も顧みられてもよいのではなかろうか。

2　身体のシンボル機能と他者の認識

次に重要な身体の見方は「表情」という身体がもっているシンボル機能であって、これが他者認識に新しい地平を切り開くようになる。「身体」は「事物」とは本質的に相違して「表情」をもっている。わたしたちは他者の身体的な表現である表情によって他者を直接理解し、かつ、認識することができる。そこでこのような身体のもつ表現機能を問題にしてみたい。シェーラーはとりわけ身体の表現傾向と表現現象に注目する。そこには身体の独自な働きを「基底づける」(fundieren) ことにある点が強調される。基底づけるという働きは、物理的な因果律によって「基礎づける」(gründen) のとは相違し、生命的な根拠となっているという意味である。それゆえ身体こそあらゆる人間の機能を基底づけていると、次のように言われる。

身体は基底づける (fundiert)、あるいは身体の直接的な総体知覚 (Totalwahrnehmung) は身体魂 (Leibseele) という所与性ならびに身体物体 (Leibkörper) という所与性を「基底づける」(fundiert)。そして、まさに「この」基底づける根本現象 (dieses fundierende

Grundphänomen）がもっとも厳密なる語義における「身体」（Leib）なのである。(7)

このように身体のもっている独自な意義が「基底づける」作用から考察される。生命現象の中でも実験科学の対象となりうる「自我」の機能と身体としての特質は、目に見えない「人格」の非対象性と相違してはいても、身体のもつ表現機能によって人格の理解に役立っている。ここに心身を一如として身体を捉えることが可能となっており、身体の現象学が重要な意義をもつようになる。というのも心理学や生物学によってもたらされた科学の現代的成果は、「心的なもの」を理解するときには積極的に受容してゆくべきであるから。それに対し「精神」がそこに受肉している「身体的なもの」はどのように理解すべきであろうか。心身関係から考察すると、シェーラーの人間学においては心と身体の両者は実験科学の対象となる所与である。ところで「身体的なもの」が「心的なもの」ではないとしても、人間の身体は単なる物体ではなく、心的な働きを宿している生命体であるばかりか、同時に精神的作用もそこに受肉している独特な存在領域である。

そこでシェーラーは身体の表現傾向と表現現象に注目する。彼によると知覚が一般に際立ったかたちで作用するのは、何物かが自らを「表現傾向」へと移し、「表現現象」となることによって知覚を刺激し、覚醒するからである。たとえば、わたしたちは「笑い」の中に他者の「喜び」を、「涙」の中に他者の「苦しみや苦痛」を、「赤面」の中に彼の「羞恥」を、「物乞いしている手」に彼の「頼み」を、「やさしい眼差し」に彼の「愛好」を、「歯軋り」の中に彼の「怒り」を、「おどかす拳」の中に彼の「威嚇」を、言葉の「響き」の中に彼が心中に懐いている「意味」を直接に捉える。実際、ことわざに「目は口ほどに物をいう」とあるように、心の思いはすぐに目の表情にあらわれる。向学心に燃えている学生の目はキラキラと輝いており、潤んだ目には恋愛の情が浮かんでいる。また血走った目には闘争心があらわであり、暗く沈んだ目には嫉妬などの暗い情念が感じられる。また目の動き自体にも豊かな表現が宿っている。たとえば「目もくれない」「目を奪う」「目を皿にする」「目をつぶる」「目を細くする」「目を剥く」「目が飛び出る」などの表現に目の動きの豊かな表現機能が示唆される。アウグスティヌスの『告白録』には「わたしの額、頬、目、顔色、声の調子のほうが、もっと雄弁に、心の内に起こったことを物語っていた」とある。(8)

このように心的な領域自体は身体の機能に依存していないとしても、そこには間接的な依存関係が認められ、身体が心的なものが現われる媒体もしくは条件になっていることは認められなければならない。つまり心と身体とが因果的な依存関係に立っていないにもかかわらず、身体は心的なものが現われる手段となっており、[9] ここに身体の基底づける現象が起こっている。このような身体を媒介とした知覚についてシェーラーはシンボルの機能によって論じる。たとえば煙が上がっていることの知覚、つまり外部感覚から火事を間接に推論するような認識ではなく、ちらちらと燃えていることから直接に火事を認識するように、「シンボルにおいて」あるいは「シンボルを過ぎるように」直接的な知覚が働く。それゆえ身体というシンボルを媒介とした認識は、身体的なシンボルの中に、肉体と同様に、自我を直接的に捉えるのであって、自我から他我を間接的に推論するのではない。

また身体をシンボル的に媒介しながらも、間接的ではなく、直接的に他者を認識する仕方は「共に観る」（Mitschauen）という方法として語られる。人間には「身体性と人格性との本質的な共属」が認められるがゆえに、人格としての自己の現-存在を隠すことができない。[10] 人間には身体性と人格性とが本質的に連関しながら与えられており、人格の現存在が直接的には直観されないとしても、それでも身体によって共に思念される。ここに身体のシンボル的性格、つまり身体を通して身体とは別のものが同時に知覚されるという特質が明瞭に示される。したがって「共に観る」という知覚の「共観」作用には他者の身体的表現を見ていて、同時に他者の自我を捉える全体的な直観が働いている。そこには身体的なものがそれによって他我の本質を直観させる媒体となっている。これが身体のシンボル的な機能である。実際、身振りのように身体に備わったシンボル機能を通して他者の認識がえられる。わたしたちが他者に出会って先ず感じるのは、その身体的な表現であって、きわめて簡単な現象学的観察によって他者は知られる。

3 羞恥の現象学

わたしたちは先に「笑い」の中に他者の「喜び」を、「涙」の中に他者の「苦しみや苦痛」を、「赤面」の中に彼の「羞恥」などを直接捉えることができる、と指摘した。その中でも羞恥心もしくは羞恥感情の独特な意義を把握したことも、実にシェーラーの偉大な発見であるといえよう。彼は次のように言う。

羞恥心（Schamgefühl）はわたしたちの存在が生物学的目標よりも高次の世界のために決定的な役割を果たすように指示する。高次なものとして授けられた天職（Beruf）がそれに反抗する傾向性（Neigungen）によって挫折するとき、そこにつねに羞恥心が現われる。(11)

シェーラーによると、わたしたちが羞恥心をいだくのは、より高い存在へ向かう心の運動が挫折するときである。そうすると羞恥心が強いほどその人の志向も高いし、資質も優れていることになる。ところが昔から羞恥は、たとえばアリストテレスによって青年ならともあれ、大人においては好ましからざる徳であると考えられていた。(12) しかし、この羞恥のもつ優れた積極的な意義を歴史上初めて明確に説いたのはシェーラーであって、彼のすぐれた業績の一つに数えられる。羞恥感情は人間における精神と身体が触れ合うところで両者の接点として現象するが、このような橋渡しのない神や動物には羞恥心はない。こうしてアリストテレスの羞恥に対する評価とは正反対の評価がシェーラーの手によって下されるようになった。

彼は人間の心理の深層に根づいているこの微妙な心情現象に早くから注目し、羞恥心の現象学的分析を手がけていた。この分析は完結にいたっていないけれども、そこでの視点の斬新さは今日においても高く評価され、日本文化論における所謂「恥の文化」の再検討によっても大いに役立った。ルース・ベネディクトは『菊と刀—日本文化の型』で恥の文化を問題にした。彼女はさまざまな形態の恥を知っていたが、日本人の場合には世間体や外聞を重んじる傾向が著しい点を強調した。この視点を社会学者作田啓一は『恥の文化再考』においてシェーラーの羞恥現象の理論を媒介にして批判し、恥を「公恥」と「私恥」に分けるべきであると主張した。彼は罪と恥の行動を統制する規準の相違から説明し、罪は規準設定者（親・教師・神など）に向かい設定者の立てた法を逸脱することによって生じるが、恥の方は同じ所属集団に属している仲間との比較により生じるとみなした(13)。

さて遺稿として残された『羞恥と羞恥心』（一九三三年）は一九一三年にその大部分が書かれた。この論文はその冒頭で人間学的な二元論から出発し、人間を精神と生命欲動という二原理の接触点としてとらえた。そのさい彼は羞恥心こそこの二原理の接触点であって、二つの原理がそこで触れ合う「場所」と考えた。したがって羞恥感情は人間存在に必然的に結び付けられている機能であって、その果たす役割は極めて重要であると考えられた。

この点は旧約聖書のアダムの堕罪神話によって比喩的に示されていた。その神話によると人間は「神の像」として造られたため、精神的志向が高く定められていた。それなのに身体的な欠乏から禁断の「木の実を食べると、自分が裸であるのに気づいた」、つまり羞恥を感じた。ここに人間の高い精神的人格と身体的欠乏との間にある不均衡と不調和が羞恥感情の根本条件をなしており、精神と生命欲動とが触れ合い、抗争していることから羞恥感情を抱かざるを得ない点が指摘された。

このように精神と身体、霊と肉、永遠と時間、本質と実存が触れ合う両者の「過渡」において羞恥感情は意識の志向や注意が突然「後向きになるさいに」生じる。それはとくに「自己へのかえりみ」とか自己と他者との間に生じる「志向のくい違い」とかによって起こる。この羞恥感情の現象学的考察によって次のような二つの本質的契機が指摘された。

（1）それが起こる第一の本質契機は「自己へのかえりみ」である。一例として火事場での母親が挙げられる。彼は言う、「たとえば、火災の際にわが子を救出しようとする母親は、スカートもはかずに肌着のままでさえも家から飛び出すであろう。しかし助けられたと知って、わが身をかえりみるや否や、羞恥がおこる」(14)。このように火急な場合には、外に向かう志向が非常に強くなり、自己に対する意識は弱まっているが、その後「自己へのかえりみ」が起こるとき、羞恥感情が発生する。

（2）第二の本質契機は、こうした「かえりみ」の中に自他の志向性のくい違いに気付くとき、羞恥感情が起こってくる。このことは、たとえば次の三つの組合せで起こっている志向性を検討してみると、判明する。すなわちモデル・患者・女主人はそれぞれ画家・医者・召使によって裸の体を見られても、羞恥を感じない。なぜなら彼らは自己が美的現象・医学の症例・社会的な主人として一般的に客観化して相手に見られているのを知っているからである。そこでは両者の志向性は一致している。それなのに画家・医者・召使が個人的関心から恋愛の対象として相手をみ

るや否や、それが相手によって感づかれると、相手は「自己へのかえりみ」によって羞恥心を懐くようになる。(15)

一般化と個体化との志向のくい違い、もしくは志向のずれから羞恥をこのように把握した卓見は高く評価されなければならない。先のモデルの場合は一般化の志向から個体化へ移るとき羞恥が生じているが、反対に個体化から一般化へ移るときにも起こる。たとえば恋人同士の場合にはともに個体化から出発しても、会話の中に他の人との比較が入って一般化の志向が感知されると、そこに志向性のくい違いが生じてきて、羞恥感情が発生する。そのさい羞恥とは「一般者の全領域に対する個人としての自己防御の必然性の感情」であると規定される。(16) 実際、性生活というものは、人間にとってもっともありふれた生活に属しながら同時に極めて個人的な事柄であるため、羞恥感情は性生活と密接に結びつく。この性生活では性愛と性衝動との緊張関係が認められる。前者は個別的な人格価値へ向かい、それに献身する愛であり、後者は快楽に向かって単に種族を維持するための「感性的性衝動」であって、両者の緊張関係から性的羞恥感情が現われる。そこには「生命的愛（その集中が性愛である）の価値選択的機能と感性的快感（その集中が性快感のくすぐったさである）へ向けられた欲動的な衝動との間の緊張」が生じており、そこから羞恥心が起こってくる。(17)

シェーラーの羞恥論は、身体的な自然本性に備わっている機能の分析にとどまらず、羞恥心は人間の高貴な感情として精神的で人格的な愛と深い関連をもっていることが指摘される。彼は性的な羞恥感情の基本構造を現象学的に探求し、羞恥心が人格的に理解されるように助ける「真の愛の助手」となっている、と主張する。というのも羞恥は個人の自己自身へのかえりみによって発生するが、この自己感情はさまざまな欲望に対する「個人としての自己防衛の必然性から出た感情」であると解釈され、低次の欲動に対抗する高次の価値選択に向かう緊張であると解釈されるからである。なぜなら身体的羞恥にせよ、精神的羞恥にせよ、低次の欲動（性欲動と生命欲動）と高次の愛（性愛と精神的愛）との緊張から人間の心は構成されており、前者のみが相手によって引き寄せられると、後者の「真の愛」が自己防衛を起こし、「志向のくい違い」に気づかせることによって羞恥感情を喚起するからである。だが羞恥は比喩的に言うと「蛹を被う繭」であって、その中で蛹はゆっくり成長することができる。だから愛する人は女性の羞恥に逆らっては何事もなし得ないが、「彼の愛の表現のみが（相手から）応答愛を高めることによって羞恥を正当な仕方で取り除くことができる。だが彼の欲動活動の発現ないし展開は決してそうすることはできない」[18]。こうして羞恥心に対する従来の解釈が克服され、羞恥こそ人間らしい感情であることが明らかにされた。

4　シェーラーからメルロ＝ポンティへ

他者認識の問題を通して間─主観性理論の重要性が先に指摘されたが、この理論を継承し発展させた現代の代表的思想家はメルロ＝ポンティである。とりわけ『知覚の現象学』第二部「知覚された世界」の第三章「他者と人間的世界」において他者の問題が探求された。そこで、ここではシェーラーとの関連にもとづいてその論点を要約しておきたい。

（1）　他者を必然的に対象化する超越論的立場からは、他者の主観性を語ることはできない、との既述の難問（アポリア）を解決するために、メルロ＝ポンティは主観性の概念を変更し、それが他者の志向性と主体性を許容する「受肉せる主体」でなければならないと考えた。このような主体としての身体は、主体（触れる手）と客体（触れられる手）のように対象と意識とに二分化する前の両義的存在であり、無名で前人称的形態たる「ひと」（on）つまり自他共生の状態である。他者の志向性は「ひと」の志向性としてわたしの知覚に潜在的に含まれている。このように他者関係を意識の能動的作用から受動的な身体の志向性へと移し、身体の交流関係で成立する根源的な知覚の段階においてすでに間主観性が認められる。[19]これはシェーラーのいう「自他未分化の体験流」と同一内容であるといえよう。それはまたフッサールの「超越論的主観性とは間主観性である」というテーゼに対するシェーラーと共通の解答「超越論的主観性は間主観性となる」[20]という理解ともなっている。

（2）　自他未分化の交流から自他の分化はどのようにして生じてくるのか。『知覚の現象学』は他者を、わたしにとって「知覚された世界」において論じたため、主観の構造から自他の関係をも一方的に説明することになり、他者の異他性が消え、他者も「もの」と同じように対象として扱われた。しかし『幼児の対人関係』において「ひと」から個別的主観への移行が「身体図式」（身体の視覚・聴覚・体感の全体が連合するという心理学的術語）によって解明され、この図式の組織化によって自己の行動が生まれ、同時に他者にもその行動が相補的形態において生じていく。とりわけ「鏡像体験」による自他の区別の自覚的形成が詳論される[21]。この考察も、自他未分化の体験流が個別的自我へと移る移行を幼児の心理状態から説明したシェーラーの思想と、同一の傾向を顕著に示している。

（3）　メルロ＝ポンティが類推や感情移入を退けて、他者の直接的・全体的直観による認識を説いている点でシェーラーと同じ傾向が明らかに示される。たとえば、『知覚の現象学』で次のように語られている。「ひとたび感覚の偏見が払い除けられると、顔・特徴的印・行動の形は、その心理学的意味がわたしたちの内的経験に求められうる、単なる〔観察されたデータ〕であるのを止める。そして他者の精神生活は〔知覚の〕直接的対象つまり内的意味に満ちている全体となる(22)」。

(4)なお先に述べた「受肉せる主体」は自己の有限性を積極的に捉えて、世界に対する独自の態度を形成し、世界に関わる仕方を統一することによって自己の「スタイル」(style)を身につけてゆく。これは個別的自我の特質であって、自我の世界に対する態度である。このスタイルの相違は、たとえ類似の身体構造にある他者との間ではどんなに小さくとも、自他の間に「ずれ」(déclage)を感じさせ、そこに自他の分化が起こっている。「わたしと他者とはいわばほとんど中心を同じくする二つの円であり、両者はかすかな神秘的なずれによってのみ区別される(23)」。このスタイルは、シェーラーが他我の内的知覚における身体に備わった「表現」による変容と名づけたものとよく似た内容であるといえよう。

他者認識と間主観性とに関するメルロ＝ポンティの学説はシェーラーの業績を見事に継承しており、しかもシェーラーの学説上の最大の欠陥として批判された形而上学的二元論からまったく自由に考察がなされ、新たに諸科学の成果も取り入れられている点で注目すべき学説であるといえよう。

わたしたちは近代哲学に内在する最大の問題として他者認識を取り上げてみた。近代哲学の最大の特徴は近代人の自覚としての自我と自由とに立つ主観性もしくは主体性にあり、この基本的立場からの不可避的な帰結として「他者」の問題が今日問われてきたのである。この章では他者問題を認識論として初めて根本から問い直したシェーラーの間主観性の学説を紹介し、さらにその後の批判的な展開を顧みてみたが、このことによって間主観性の現代的意義と問題点を明瞭に指摘することができたといえよう。

註

（1）G.W. 2, 161『倫理学』第一巻、二六五―二六六頁。
（2）G.W. 2, 158. 前掲訳書、二六〇頁。
（3）G.W. 2, 158. 前掲訳書、二六〇頁。
（4）G.W. 2, 168. 前掲訳書、二七六頁。
（5）G.W. 2, 162. 前掲訳書、二六六頁。
（6）G.W. 2, 154. 前掲訳書、二五三頁。
（7）G.W. 2, 399.『倫理学』第三巻、五八頁。
（8）アウグスティヌス『告白録』三、八、Ⅸ。
（9）わたしと他者との関係でも身体をもって他者と出会うということが他者理解の第一歩となっている。わたしが身体をもって関与することは、外的な関係から内的な関係に移ることを意味し、他者の外的な調査だけでは真の理解に到達できない。
(10) G.W. 7,『同情』三九六―三九七頁。
(11) G.W. 10, 150,『羞恥と羞恥心』「著作集」第一五巻、一三七頁。
(12) アリストテレス『ニコマコス倫理学』1128b10-17. 上巻、高田三郎訳、岩波文庫、一六七頁参照。
(13) 詳しくは金子晴勇『恥と良心』教文館、一八九五年、二六―三二頁参照。
(14) G.W. 10, 78, 前掲訳書、三〇頁。
(15) G.W. 10, 79-80, 前掲訳書、三一―三二頁。
(16) G.W. 10, 90, 前掲訳書、四八頁。
(17) G.W. 10, 90, 前掲訳書、四八頁。
(18) G.W. 10, 102, 前掲訳書、六六頁。
(19) この自他共生の「ひと」(das Man) というのは、ハイデッカーによって世俗的な平均人の生き方として解釈され、「世人」は「おしゃべり」・「好奇心」・「曖昧さ」として解釈された(『存在と時間』三五―三七節参照)。しかし、これは実存を獲得する妨げとなるという観点からの評価と解釈であって、シェーラーやメルロ＝ポンティの理解とは相違する。
(20) メルロ＝ポンティ『知覚の現象学』I、竹内芳郎他訳、みすず書房、一九六七年、一一頁。
(21) メルロ＝ポンティ『幼児の対人関係』滝浦静雄訳(『眼と精神』みすず書房、一九六六年、所収)一三四頁以下参照。
(22) メルロ＝ポンティ『知覚の現象学』I、前出、一一二頁。さらに彼はシェーラーの本質的な寄与が「表現」という概念「シェーラーの本質的寄与は、表現という概念にあります。表出の背後に意識があるのではなく、表出は意識に内属しているのであり、表出がそのまま意識であるというのです。他者がまるごとその表出のうちにいるからこそ、わたしほ、類推的推理などによってではなく、他者の存在そのものによって、他者を定位することができるのです」(『意識と言語の獲得』木田元・鯨岡峻訳、みすず書房、五八頁)。

(23)　メルロ＝ポンティ『世界の散文』滝浦静雄・木田元訳、みすず書房、一九七九年、一六八頁。

第V章　人格と共同体

はじめに

わたしたち日本人にとって自分を人格として主張することは、主体的にすべてを決定するようになった現代においてはそれほど困難なことではない。しかし利害関係が絡む日常生活ではそうはいかず、他者を人格として扱うことはきわめて困難となってくる。それゆえ人格の尊厳を説いたカントも後述するように道徳的な命法の第二方式として「あなたは人間性をあなたの人格においても、他人の人格においても常に同時に目的として扱い、単に手段として決して扱わないように行為せよ」を説き明かさざるを得なかった。ところが現実を見るとこの命法は果たして実行されているであろうか。実は近代人らしく主体的に生きようとする人こそ、自分の生活を維持することに終始してしまい、他者を自分と同等な権利をもつ存在と考えて行動していないことが判明する。このことの原因は自分が他者と一緒に生活するように運命的に置かれている社会や地域共同体の決定的な重圧から解放されて自由になりたいという本能的な願望から起こってくるのではなかろうか。先ず自己を確立するためには運命的に生きなければならない他者から自由になりたいという本能的な願望が問題なのである。実は実存哲学はこのような願望から一時的に起こってきたのであった。そこには自己が置かれている日常性から解放されることによって自己実現しようとする欲求が支配していたのではなかろうか。そこから他者を全くの無縁な他人と、つまり「赤の他人」とみなし、敵視してきた幼稚な態度が露出してくる。シェーラーはこのような皮相で浅薄な考え方と全面的に対決する必要を感じていた。そこには同時に生物学を中心とする新しい発見と知見が次々に発表されていたし、人間の現実を再度根本的に見直すように迫られていたのであった。そこで彼は先ずカントでは同一視されていた「人間」と「人格」を区別し、人間と共同体との関連を根本的に問わざるを得なかったのである。

1　人間と人格

人間学が問題にする「人間」は、生まれながらの自然的な人ではなく、人間がある段階まで成熟して到達する「人格」である。自然的な人間は生物学や医学といった人間科学が対象とする「人間」であって、悟性的な科学的な認識によって研究される。それに対し「人格」としての人間は、科学によっては解明できないものであり、科学的な考察の対象となり得ない非対象的な存在であって、それは何かを遂行している「作用」としてのみ現象しており、わたしたちはそれを邂逅と対話を通して理解することができる。

それゆえ人格は一般的には「人がら」や「人となり」を指していても、「作用」として現象する点は、それが元来「ペルソナ」（persona）という原語が示すように、俳優が演技している、つまり役割を演じているときに顔につけた「仮面」を意味したことからも判明する。さらにそれはキリスト教では三位一体の間の「関係」を表わす「位格」として用いられた。また近代の倫理学では役割を演じる道徳的な行為者を意味し、カントでは道徳法則を担う実践理性の主体を言い表わすようになった。

そのさい「人格」（Person）は「人格性」（Persönlichkeit）という人間の基本的価値や尊厳（Würde）を示すものとして、すべての人に認められるようになった。しかし人格は後述するように同時に他者との交わりの中で独自性と個性とを発揮すると考えられる。カントは「人格性」を担っている個々の人格にもとづいて人格主義を主張し、「人格」と「物件」（もの）との基本的相違を指摘する。つまり物件は他のものの手段となりうるもので、価格がつけられるが、人格の方はそれ自身で尊厳や品位をもっているから目的となっても手段とはならない。ここから彼は人格主義の命法として、「あなたは人間性を、あなたの人格においても、他人の人格においても、常に同時に目的として扱い、単に手段として扱わないように行為せよ」(1)と主張した。この人格主義は人間の尊厳に立つヒューマニズムの精神を表明しており、人格性はすべての人に平等に与えられていると説かれた。

ところが人間は他者との邂逅と対話を通して次第に成熟していくことが考慮されなければならない。たとえば生物学者ボイテンディークは他者との邂逅こそ「本来的な人間性」を認識させ、実現に至らせることを力説する。なぜなら人間の隠されている可能性は邂逅によって諸状況に直面し、自己をそこに意義あるものとして投入し、自己の洞察にしたがって与えられた状況を造りかえ、人間としてのもっとも優れたあり方に達するからである(2)。とくに人間的な出会いは相互的であり、この相互性こそ出会いを可能にする条件である。したがって、わたしたちは相互性に立つ対話の中での触れ合い、つまり互いに交わす見つめ合い、身振り、微笑み、語らいの中で、問いかつ答える応答によって成熟し、人格にまで育成される。

こうして他者の姿がさまざまな形を通して出会われ、対話の中から人格が成熟してゆく過程を考えてみよう。このことに関してブーバーは言う、「人間はあなたとの関わりにおいてわたしとなる」（Der Mensch wird am Du zum Ich.）[3]と。わたしたちが経験するさまざまな邂逅で「あなた」がいろいろと姿を変え、交代して流れてゆく歩みの中で、この「あなた」の傍らにつねに変わらず伴われているもの、つまり「わたし」が意識されるようになる。したがって人間は「わたし」を自覚する前に「あなた」を語っている。確かに「あなた」との対話的関わりの中で初めて「わたし」が語られ、自覚されるようになる。このような関わりの中で個性的な人間としての「人格」が育成されるのである。

他者関係の中で人が人格となっていく場合には、先にカントによって説かれた単独の個人として価値を担っている人格ではなく、相互的に関係し合う「間—人格性」に立つ人格が生まれてくると言えよう。シェーラーはこの人格を、先に他者認識において考察したように、事物認識のように対象的には把握できないと主張する。[4] そのさい人格が本質的に「行為」（Akt）である点が強調されたが、この行為はどのように把握されるのであろうか。これに関して彼は次のように言う。

精神とはそれ自体で対象となりえない唯一の存在であり、まったく純然たる作用性であって、自己の作用の自由な遂行においてのみ自己の存在を得ている。この精神の中心である「人格」は対象的存在でも事物的存在でもなく、絶えず自己自身を遂行している（本質的に規定された）諸作用の構造秩序にほかならない(5)。

人格はさまざまな行動を一つに束ねる「構造秩序」であり、それは「心情の基本線」を造りだしているとも説かれた。またこの人格の理解はともに行動し、他者の人格に関与する行為である「存在参与」から初めて拓かれてくる(6)。

2　人格の成立条件

一般には人格と人間は同義語として用いられている。しかしシェーラーは「人格概念が適用されるのは人間的実在の特定の段階においてはじめて可能なのである(7)」と言う。たとえば人間が魂をもち、自己の自我の存立と価値についての意識（自己意識・自己価値の意識）が認められても、いまだ人格とは言えない。というのは、魂をもち、我性もある動物をわたしたちは人格とは言わないからである。人格の本質が明らかになるのは、人間一般ではなく、ある段階にまで成熟した人間においてなのである。それはどのような人間であろうか。

　シェーラーによると人格の成立の第一条件は「狂気に対する健全性が第一条件である」。健全性とは狂気と対立しており、人間の固有の精神的中心から発していって、その表現や行為を追体験し、かつ、理解させる力であって、ある人の生の表現を科学的・因果的に説明させるものではない。第二は「成年性の根本現象」が人格の成立条件である。自己と他者とを同一視する未成年の状態を脱してはじめて人格となる。そのさい「自己の作用や意欲や感情や思惟と他人のそれとの間の相違性の洞察を体験し得ること」が必須の条件となっている。第三に、それに加えて人格は「また自己の身体の支配が直接的に内部に現象し来たり、自己自身を直接的に自己の身体の主人として感知し知り体験している人間に属する」と言われている。(8) つまり自己の身体の意識と自己とを同一視している人は未だ人格ではなく、それをも「わたしの身体」として自己に所属させている人が人格である。

　こうして人間は自分の生物学的機構に依存しない作用の担い手であるがゆえに、「人間は生物のうちで最も価値の高い生物である」という生物学的命題はここでは妥当しない。つまり生物の中での最高価値を表明するものではない。動物の中には人間よりもその機能において優るものがあって、ゲーレンの言う「欠陥動物」は人間に生物学的には妥当する。したがってこの命題は生物学的価値の中の最高価値を表明してはいない。それはむしろ聖の価値と精神的価値の担い手であることを示唆する。したがって「人間のうちに、或いは人間の発展の特定の位置に急に出現する新しいものは、まさに……生物学的に測られれば……精神活動の過剰のうちに存する」(9)。このようにシェーラーは人間の宇宙における特定地位をとらえており、生命の発展の中に裂目ができ、「その裂目のうちにあらゆる生命に優越する作用と内実（価値）の秩序が現われて来、そして同時にこの秩序の新しい統一形式が、すなわち（自我、有機体等と区別して）〈人格的〉なものとわたしたちが見なさなければならず、またその蝶番《ようつがい》は愛であり、愛に基づいた純粋な公正であるところの、この秩序の新しい統一形式が、現われてくる」(10)と語っている。

人格の成立についてのこのような条件は人間生活にとってきわめて重要である。これらの条件はすべて自己に対する距離と他者の異他性の認識にもとづいて成り立っている。これが成熟した人格の特性であって、自我のみを独占的に主張するエゴイズムとは区別される。こうして人間が成熟して人格となることによって初めて、わたしたちは社会生活を十全に営むことができる。

それに対しカントが強調した個人的な人格性は尊厳をもっており、すべての人に妥当する普遍性があっても、他でもないこの普遍性のゆえにかえって抽象的となってしまう。それに対し具体的人格は抽象的なものではなく、個性的なものであり、各人の個性の中に、特定の役割を分担し、相互的な間柄に立つ「間-人格性」(Inter-persönlichkeit)に求められなければならない。というのも人格者とは無為の閑人ではなく、愛において積極的に他者に働きかけ、奉仕する者を意味しているからである。

さて個性はすべて独自性をもっている。実際、独自な個性的存在にして初めて、他者と積極的かつ具体的に関わることができる。自然は人が共通にもっている自然の賜物たる才能を一様化しないで、多様な所与性を与えるほうを選んでおり、所与の才能の多様性によって人間の個性化が促進される。それゆえ自己の才能の特殊性をわたしたちは正しく認識し、個性を発展させ、かつ、磨くようにすべきである。個性はきわ立った性格を各人にきざみつける。そのため特殊な役割を分担し、かつ、演じることを可能にし、多様性によって相互的な共同性を実現させる。あたかも歯車の凹凸のように、相互にかみ合う共同関係は個性において成立しており、個性的であるがゆえに、他の個性と協力し合い、そこから共同性や社会性が成立する。このような相互に質的差異をもった人格の協働によってこそ、間柄関係を担う倫理的主体が生みだされる。シェーラーはこのような社会的な責任を負う人格を「総体人格」と呼び、さらに神との関係を担う宗教的な「秘奥人格」についても考察する。この最後のものはキリスト教の霊性に相当する。

3　社会的共同と人格

シェーラーは現象学の方法にしたがって人間が他者と共同する四つの形式を考察し、そこには四つの本質を異にした社会集団と総体人格（Gesamtperson）の類型があって、それにしたがって人々は互いに集団を形成する。この総体人格というのは社会的な共同存在に連帯的に関わる人格を意味する。こうして個体人格（Einzelperson）と総体人格との間の相互作用が基本的に起こりうる次の四つの形式が探求された。[11]

（1）群衆　第一の社会的共同の形態は「群衆」（Masse）であり、この統合形態は動物の間では「群れ」と呼ばれる群居集団である。群衆は群集心理に顕著に現われているように「感情伝播と不随意的模倣」によって社会的に統合される。したがって群衆は共同体よりも低い社会的集団の形態である。[12]

（2）生命共同体　第二の社会的共同の形態は「生命共同体」（Lebensgemeinschaft）であ

る。これは社会学的に「共同社会」（Gemeinschaft）とも呼ばれるもので、共同感情・共同努力・共同思考・共同判断の内に構成される社会的な統一態である。[13] 生命共同体の一般的形式は家族・部族・国民である。しかし「共同社会なしには利益社会なし」（Keine Gesellschaft ohne Gemeinschaft）と言われるように、生命共同体はすべての社会的・経済的契約に対し、また綿密に計画されたすべての社会に対し、本質的に先行している。[14]

（3）**利益社会**　第三の共同の形態は「利益社会」（Gesellschaft）である。それはシェーラーによって次のように定義される。

共同社会（Gemeinschaft）が自然的統一態（natürlihe Einheit）であるのに対して、利益社会はまず第一に個別者たちの人為的な統一態（künstliche Einheit）として定義され、この統一態のうちには以前に特徴づけられた意味での根源的な「相互的共同体験」（Miteinandererleben）はまったく成立せず、むしろ個別者間のすべての結合は第一に特殊的な意識的な諸作用（besondere bewusste Akte）によって作成され、これらの作用は各人によって、ここでまず第一にみずから体験されて与えられている個別的自我に由来し、まさに

「他我」としての他者（den anderen als einen anderen）をめざす作用として体験される[15]。

利益社会の特質がここでは生命共同体と対比され、その特質は第一に個別者たちが人為的に結合する統一態であって、そこには根源的な相互的共同体験はまったくなく、むしろ個別者間のすべての結合は「利益の追求」のような特殊的な意識的な諸作用によって形成される[16]。それは「人為的な」統合であり、利益社会の「目的」（Zweck）は当該の社会の特定の目標を達成すべく「約束」や「契約」によって結合した個々の人格によって意図的に知らされ追求される。この社会はその構成員にとって「快適価値」を追求し、文明の担い手としては「有用価値」を追求する[17]。

（4）　人格共同体　社会集団の第四の形式は「人格共同体」（Persongemeinschaft）であり、救済の連帯性によって結びついている宗教的集団である。この社会的統一態は「自主的・精神的・個性的な総体人格の〈うち〉にある自主的・精神的・個性的な個別人格の統一態」として規定される[18]。ここに「総体人格の内なる個別人格」の理念が示され、具体的な事例として「キリスト教的共同体」（corpus christianum）が挙げられる。ここには人格の比類なき価値と愛による万人の救済にもとづく連帯責任とから成る人格共同体が、古代社会の閉じた共同体と近代社会の特徴である打算的にして倫理的連帯性に欠ける利益社会とに対決して力説された。この人格共同体を結びつけているのは救済的な連帯の絆である。そこでの共同責任は共通の救い・共通善・共通悪・共通罪責の意味で集団全体に対する共同責任が現に認められ、人格的レヴェルにおける霊的な愛が人格共同体の土台である。この愛および救済を目的とする共同体の全体は、諸人格の人格である神においてのみことごとく実現される。そうすると人格共同体は霊的な愛にもとづく宗教的共同体として成立することになる。そこには個別人格と総体人格の関係のみならず、その両者の神との関係が問題になってこざるを得ない。そこには次節で語るような秘奥人格の存在が示されるが、そこでの人格こそ宗教心を意味する霊性の担い手となる。実際、他者と言っても同類の人間だけでなく、人格神として神もわたしたちに働きかけているからである。

4　人格の三つの層（個別人格・総体人格・秘奥人格）

シェーラーの人格についての思想は人間についての認識において展開しただけでなく、社会の中で個人が共同体を通して他者と協働する四つの形態において考察された。そこには人間が人格として個人でありながら、同時に「等根源的に」（gleichursprünglich）他者に関わっている存在であることが前提される。つまり人格は「その根源を同じくする仕方で」個体人格であり同時に総体人格なのである。そこには前節で考察したような四つの相互作用の形式が見いだされた。このことは人格が本質的に他者に関わる存在であることの現実的で具体的な表現であって、こうした人間の理解が今日もっとも要請されているものであって、シェーラーの思想の魅力ともなっている。彼はこの点を次のように語っている。

わたしたちの見方では各々の人格は等根源的に個別人格であり、〔本質的に〕総体人格の構成員であり、彼の個別人格としての固有価値は彼のそうした構成員としての価値から独立している（Für unsere Ansicht ist hingegen jede Person gleichursprünglich Einzelperson und (wesenhaft) Glied einer Gesamtperson, und ihr Eigenwert als Einzelperson ist unabhängig von ihrem Werte als solches Glied.）(19)。

そこでまず個別人格（一人一人の人格）と総体人格さらに秘奥人格について考えてみたい。

個別人格と総体人格

人間は人格として単に個体的に生きているだけでなく他者との共同に

よって生きる社会的存在でもある。このような社会的な人格はこの引用によっても知られるように「総体人格」(Gesamtperson) と呼ばれた。それは社会的な共同存在に連帯的に関わる人格を意味する。また、それは統合された社会集団の内部において人々が生ける共同体として経験している現実である。それゆえ総体人格は一つの統合体として一つの家族・部族・国民として共に生きている社会的集団の全体の経験が統一されたものである。[20] この総体人格の内部のもっとも基礎的な統合の絆は集団の全員が経験する道徳的連帯の意識である。

このように総体人格を成立させている連帯性の原理は個人が生まれながらに組み込まれた運命的な共同社会に示されているように「純粋な」生命共同体においては専有的に支配しているが、個人の自由な参加によって成立する「純粋な」利益社会においては本質的に消滅している。また前節で述べた生命共同体においては職位が代替可能であるのに対し、人格共同体においては構成員が個体的人格のゆえに「代替不可能な連帯性」となっている。こうした総体人格の具体的な姿は諸々の文化団体と教会との二つで見いだされる。

秘奥人格としての霊性　これまで人格の社会的性格について論じられたが人格は社会的役割に還元されない独自の中心をもっている。それゆえに個別人格の価値は総体人格によって解消されないと説かれていた。シェーラーはこの点を「秘奥人格」（intime Person）の概念によって解明しているように思われる。人格は社会の構成員としての位置から生じる義務と権利とをもっており、社会全体における自己の存在を自覚する。ところがこうした社会的人格は次のような経験をすることがある。すなわち「この自己の全体を超えて独特の自己存在が突出しているのを感知し、この自己存在において各人は自己が孤独であることを知る」。だが、シェーラーは「このような可能的な自己体験の本質形式において各人の所与性に到達するものをわたしは〈秘奥人格〉と名づける(21)」と主張する。この人格について彼は示唆的にしか語っていないが、孤独のうちにいっそう深い他者を経験しているように思われ、それが彼の霊性の偉大なる発見と関連していると言えよう(22)。

したがって人格は社会圏と秘奥圏とをもっており、この秘奥人格のゆえに社会的な共同生活の中にありながらも人は孤独であることができる。それは金言に「わたしは孤独であっても孤立していない」（Einsam bin ich, nicht allein）とある通りである。したがって「孤独は社会的な本質範疇（eine soziale Wesenskategorie）である(23)」ことになる。神との共同関係はこの孤独を排除せず、神の内でのみ秘奥人格は自己が裁かれたり庇護されたりすることを知る(24)。したがって人格が秘奥なる自己を最高度に体験するのは宗教的共同体つまり教会に入ることによってである。なぜなら

教会の中で絶対的に秘奥なる人格である神にいっそう近づく体験の場が拓かれているからである。(25)

これまでの考察で明らかなようにシェーラーは、人格の個別性と総体性を共同体との関連において基礎づけたが、そこには秘奥人格と総体人格という二つの方向性をもった人格の動態が立体的に把握されている。それはキルケゴールの実存概念の二重性と似ている。実存概念には自己内関係と自己外関係という関係の二重性つまり自己内の水平的関係と自己の外の神との垂直的関係との二重構造が見いだされる。シェーラーの人格概念にも共同体との水平的関係と自己の秘奥における神との交わりという垂直関係との二重構造がある。この二重構造はキルケゴールの場合には単独者として「神の前に立つ個人」が強調されたため共同体との関連が消極的にしか捉えられていなかった。(26) それに対しシェーラーは共同体との積極的な関連において人格を捉えながら同時に神との内的な関係をも捉えていた。このように捉えられたのはキルケゴールがカントにおいて典型的に開花した主観性の立場にもとづいて思索するのに対し、シェーラーはカントに対決して最初から間主観性の立場に立って他者や共同体に関わっている自己存在を追求したからである。このような自己理解は人格概念にも反映しており、古代や中世において保たれていた人格の社会的性格を現代において復興させたばかりではなく、それも個人の人格的個性が単なる主観性からは捉えられない新しい観点から、つまり間主観的な観点から人格を基礎づけたことによる。

こうした個人は社会学者ジンメルによってかつて「質的個人主義」と呼ばれ、人格の内的価値は単なる社会的役割に解消できない深みをもっていると説かれた(27)。そのさいジンメルは社会的役割を担っている個人を内的人格に比較して質的に劣っていると解釈した。ところがシェーラーは人間が本質的に社会的であり人格も共同体に深く根ざしている点を間主観性の観点から把握した。それゆえ彼は役割を担っている人格が個性を豊かに備えており、人格の独自性こそ共同体において役割を積極的に果たすものとして捉えることができた。それゆえ人格の独自性は個人的でありながら同時にその個性のゆえに社会的である点が理解されるようになった。

註

（1）カント『人倫の形而上学の基礎づけ』野田又夫訳「世界の名著」中央公論社、二七四頁。
（2）F.J.J.Buytendijk, Das Menschliche Wege zu seinem Verstandnis, 1958, S.90-93.
（3）ブーバー『対話的原理Ⅰ』みすず書房、一九六八年、四〇頁。
（4）本書第Ⅳ章の「はじめに」を参照。
（5）Stellung, S. 48:『宇宙における人間の地位』五九頁。
（6）詳しくは本書第Ⅲ章第5節の叙述を参照。
（7）G.W. 2. 470.『倫理学』第三巻、一六七頁。
（8）G.W. 2. 470ff. 前掲訳書、一六七、一七〇、一七一—一七二頁。

（9）G. W. 2. 293.『倫理学』第二巻、二〇八―二〇九頁。
（10）G. W. 2. 293. 前掲訳書、二〇九頁。
（11）「総体人格」については次の第三節を参照。
（12）生物進化の原理にもとづく自然主義の理論は、人間の社会的本性を低く見て、人間の共同体における生活が群衆に見られる情緒的な衝動とは程度の差しかないと考える。シェーラーの人間学は、人間における精神の存在を人間をして動物から本質的に区別することによって、人間に対し高次の、かつ動物とは本質的に相違した類型の共同体を求めている（G. W. 2, 515. 前掲訳書、二四〇頁参照）。
（13）したがって、わたしたちが共通に見たり聞いたり愛したり憎んだりする作用のすべてはこの基礎的な生命共同体の組織の中で自然に結びついている。シェーラー前掲訳書、二四二頁。
（14）G. W. 2, 520. 前掲訳書、二四七頁。
（15）G. W. 2. 517. 前掲訳書、二四三頁。
（16）G. W. 2. 517. 前掲訳書、二四三頁。
（17）つまり二人が契約を交わすとき、同じ共同社会に属する必要はないが、なんらかの共同社会にいたのでなければ、契約の意味を認識できない。
（18）この社会的統一態は「原始キリスト教的な共同体思想の中核」を形成しており、この共同体思想は個体の魂と人格との存在およびその破棄しえない自己価値を万人の救済連帯性というキリスト教的愛の理念に基礎づけられている（G. W. 2. 622. 前掲訳書、二五〇頁）。
（19）G. W. 2. 514. 前掲訳書、二三七頁。
（20）G. W. 2. 522f. 前掲訳書、二五二―二六〇頁参照。

(21) G.W. 2. 548. 前掲訳書、二九三頁。
(22) 詳しくは本書第Ⅲ章第2節参照。
(23) G.W. 2. 550. 前掲訳書、二九五頁。
(24) しかしこれを秘奥人格がなし得るのは自己の総体人格一般との連帯性、第一に教会との連帯性を間接に自覚しているからである（G.W. 2. 550. 前掲訳書、二九五頁）。
(25) G.W. 2, 552. 前掲訳書、二九八頁。
(26) キルケゴールの実存概念については金子晴勇『人間と歴史』ＹＭＣＡ出版、一九七五年、二二三―二二六、二五六―二六〇頁を参照。キルケゴールの「単独者」の問題に関しては、金子晴勇『対話的思考』創文社、一九七六年、五三―五六頁を参照されたい。
(27) ジンメル『社会学の根本問題』清水幾太郎訳、岩波文庫、一九七九年、一二八頁。

第VI章　情緒的生の現象学

はじめに

シェーラーの「実質的な価値倫理学」は、第II章で考察したように、カントが説いた理性と感性との二元論の誤りを指摘することによって確立された。カントは理性と感性とを分け、感性が伝える実質的な内容は、理性の超越論的主観性によって把握されると説いた。こうした認識論上の誤りをシェーラーは徹底的に攻撃し、それを破棄したうえで、情緒的な生、つまり具体的に愛のうちに現象している諸事実から新しい価値―倫理学を確立したのであった。

そこでこれまでヨーロッパ思想史で愛がどのように理解されてきたかを顧みてみよう。これまでの哲学や文学において「愛」を主題とした著作が多いことに驚かされる。もちろん事情は日本でもある意味では同じであり、俗悪なマンガや通俗小説本があふれている書店でも、よく目をこらして見るならば、「愛の手引き」を述べた本ならいくつでも見いだすことができる。しかし、こうした愛の指南書の内容が実は問題であり、ホメロスに淵源する愛の思想史の伝統にわたしたちは注目すべきであろう。

その中でもプラトンによって「愛」が知識の土台に据えられ、感性的な愛から知性的な愛にまで段階的に高められて、そこを次第に昇っていくプロセスが詳しく説かれるようになった。さらにそのような愛の思想はキリスト教によって採用され、アウグスティヌスからパスカルを経てシェーラーに至る愛の思想史を形成した。そして、事実、この伝統がヨーロッパの愛の生活と習俗とを導いて文化の基礎を築いてきた事実にわたしたちは注目すべきである。

愛はプラトンから今日に至るまで人間の理性活動の根源であると考えられてはいても、この根源的な力そのものは理性によって認識し得る性質のものではなかったし、ましてやその本質を把握することは困難であった。ところがシェーラーはこの困難な問題を現象学の方法によって解明しようとする。こういう哲学的な意図に認められる一般的意義についてフュルストナーは次のように語っている。

愛はその究極の本質において定義できるものではなく、ただ直観できるものとなし得るにすぎない。したがってそれは概念による規定の中に自らを強制的に込めらせたりしない。このように理解しがたいため、認識には残余が残ってしまうという意識をもって、シェーラーは、とりわけ『同情の本質と諸形式』という著作において、現代の思想家が、自ら承認するかそれとも批判的に対処するかしないでは、愛を考察の対象となし得ないほどの深遠な仕方で、愛の本質について哲学した(1)。

確かにここに言われているとおりであって、元来は定義できない愛の本質がシェーラーによって学問的に考察された。わたしたちは愛の真実な姿がどのようにして把握され、たとえ概念化できなくとも、わたしたちの経験において現象してくるその本質をどのように確認しうるかを明らかにしてみたい。

そこでシェーラーが愛の解釈に関する伝統をどのように受容していったかを顧みてみると、ここでも彼がパスカルを手がかりとして、人と人との間に生起交流する情緒的生を現象学によって探求するという試みを行っているのが見いだせる。こうして彼によって初めて「情緒的生の現象学」が創始されるようになった。

1　情緒的生の現象学

シェーラーはその主著『倫理学』においてパスカルに言及しながら彼の愛の現象学を「情緒的生の現象学」として解明し始める。彼は次のように言う。

感得、先取、愛、憎しみ（das Fühlen, Vorziehen, Lieben, Hassen）など、精神の情緒的なもの（das Emotionale des Geistes）、および意欲（Wollen）も「思考」（Denken）から借り受けられるのではないような、そして倫理学が論理学から全く独立に提示すべき、或る根源的にしてアプリオリな内実をもっている。ブレーズ・パスカルが適切に述べているように、「或るアプリオリな心情の秩序」（eine apriorische Ordre du coeur）あるいは「心情の論理」（logique du coeur）が存在する。ところが「理性やラチオ」（Vernunft oder Ratio）という語は――そして特に、それがいわゆる「感性」と対置させるときには――、この術語がギリシア人たちによって鋳造されて以来、精神の非論理的でアプリオリな側面をではなく、おおよそその論理的な側面だけを表示する。こうして、たとえばカントは「純粋意欲」をも「実践理性」に、あるいは実践的にはたらいているかぎりでの理性「一般」に還元し、そのため意志作用の根源性（die Ursprünglichkeit des Willensakts）を見誤っている。(2)

シェーラーは精神や心の重要な作用として最初に「感得、先取、愛、憎しみ」を挙げている。一般には精神の機能は理性であると考えられているが、ヨーロッパの人間学の伝統を形成してきた三分法は心の機能を「霊性・理性・感性」に分けて考察する。(3) その中で「霊性」は「精神」とも訳されるように「心」や「心情」としても一般に理解される。その作用でもっとも重要なのは心に深く感じ留める「感得作用」であって、単なる外的な「感覚」から区別される。さらに「感得」に続いて「先取・愛・憎しみ」といった作用も「理性」から独立した機能として挙げられている。そうすると「理性」とは別の「情意」が考察の対象となっていることが判明する。

この情意の中でもわたしたちがとりわけ注目したいのは、人と人との間に生き生きと生起する「愛」をシェーラーが現象学的に捉えようとする試みである。それこそ「愛」における「情緒的生の現象学」である。したがってこれこそわたしたちの間に生起交流する「愛の現象学」なのである。というのも愛は人と人との間に生き生きと起こっている情緒的な現象であるから。この人と人との間に見られる間−人格的な領域で起こっている真理を解明したことが彼の学問上の最大の功績となった。

これまで哲学が解明すべき主題として人と人との間に生じる情緒的な生の領域は、プラトンやアウグスティヌス、近代ではパスカルやマールブランシュなどによって考察されてきたが、カント哲学によって代表される啓蒙時代からは全く無視され続けてきた。このことがこの引用によってもはっきりと指摘されている。カントにおいてはアプリオリなもの、つまり経験に先んじて与えられていると考えられているものは、どこまでも理性的なものであって、アプリオリな視点と合理主義とが同一視されてきた。こうして理性によっては把握されない、人と人との間に生起交流する精神の情緒的な作用の特質が全く無視され、人間としてのもっとも重要な要素が倫理学からそっくり脱落してしまったのである。

そこで彼はパスカルの「心情の秩序」や「心情の論理」にもとづいて理性によっては把握されない存在の領域、もしくは存在の次元を情緒的な生として解明するようになった。この存在の次元を最初発見したのはパスカルであった。パスカルは有名な「三つの秩序」という学説の中で身体的な感覚や精神的な理性とはまったく異質な秩序に服している心や心情の作用に注目した。そして理性が論理的整合性によって、つまり原理による証明を通して、認識するのに対し、心のほうは単なる因果性によっては決して解明され得ない存在領域に属している点をはっきりと指摘した。では、どのような法則性が心の中にひそんでいるのであろうか。それは人が何かを愛するとき、理性によって愛する理由を考えてから愛するのではなく、心がおのずと愛するように傾倒して行くことから知られる。パスカルはそこに心情の法則性を求めて、次のように言う。

心には、理性の知らない独自の道理がある。このことは、多くの事実において認められる、心が普遍的存在をおのずと愛するようになるのも、自分自身をおのずと愛しているのも、どれだけ心がそこに傾倒しているかにかかっているのだ、とわたしは言いたい。……きみがきみ自身を愛するのは、はたして理性によってであろうか。(4)

このような「独自の道理」というものは「心情の法則」のことであり、この法則はかつて聖書やアウグスティヌスが説いたものであった。このパスカルの主張にもとづいてシェーラーは簡潔に次のように要約して主張する。

カントの合理主義は理性の根源性にのみ立脚している。彼は理性の根源性ばかりを認めて、同時に意欲や情緒の根源性を認めず、感得や情緒の作用を単に感性に属するものとみなした。

しかも彼は情緒的なものを義務に反する単なる傾向性にすぎないと蔑視して、倫理学からそれを全く排除してしまった。

このようなカントの誤りを指摘しながらシェーラーは、誤って説かれた理性と感性との二元論を徹底的に攻撃し、それを破棄したうえで「実質的な価値倫理学」を構想する。こうして彼は情緒的な生、つまり具体的に愛のうちに現象している諸事実から新しい価値‐倫理学を確立したのである。

こうしてフッサールがノエシスと呼び、純粋意識における知的プロセスとして解明した志向体験は、いまやシェーラーにおいては情緒的生の体験となり、感得や追感得、共同感情（共感と同情）、愛と憎しみといった情緒的な生活にもとづく新しい倫理学を開拓し、確立するようになった。そこでは対象とそれに関与する志向体験との間に本質連関が成立しており、カントの超越論的主観性が主観の方から一方的に対象に関わる一面的な作用に過ぎないと批判された。この点はカントが『プロレゴメナ』において認識論を要約し、「悟性はその〔ア・プリオリな〕法則を自然からくみ取るのではなく、自然に対して法則を指定する」(5)と主張した言葉によってもっとも明瞭に確認されうるのであるが、実は、こうしたカントの主観性のもつ問題点はシェーラーによって初めて問題視され、批判されるようになった。確かにこのようなカントの立場からは、実在との連関は主観によって一方的に、したがって一面的に捉えられることになってしまう。そこには認識が主観の側からの一方通行となってしまい、実質的な内容をまったく欠いた形式だけの貧弱なものとなっている。それに対決して彼は対象と意識の志向性との間に本質連関があることを主張するようになった。(6)

2　愛憎現象と愛の本質

シェーラーが情緒的な生活で最大の関心を寄せているのは日常生活で現実的に起こっている愛憎現象である。この愛憎という現象は具体的な人間に関わるさまざまな感情を伴ったものであり、しかも現実生活において深く他者の人格に関わっているため、愛が憎しみに急変することが起こってくる。これが愛憎現象である。そこでは「好き」とか「嫌い」とかいう感情が絶えず入れ替わって生起するような現象である。愛が憎しみに転換するのは、実は、愛が深く相手の存在の中枢、つまり人格に関わっているからである。ここからはじまる愛憎の現象を段階を追って考察してみよう。

（1）外面的な特性に引き寄せられる愛

一般的にいって愛は愛する対象（相手）の内に付着している特性という感覚的に認められる価値に、最初は衝動とともに強く惹きつけられる。感覚的に認められる価値というのは相手がもっている特性である。それはたとえば美しい容姿、その端麗さ、他人に抜きんでた頭脳の明晰さ、抜群の運動神経、豊かな財産や蓄財能力、健康な身体などであって、それを枚挙していったらきりがない。しかしこうした特性は一時的に人を惹きつけても、突然失われたり、次第に消滅したりする場合が多いのではなかろうか。要するにそれは借り物に過ぎないのであって、偶然的なものに過ぎない。パスカルは言う、「一人の男が通行人を見るために窓に向かう。もしわたしがそこを通りかかったならば、彼がわたしを見るためにそこに向かったといえるだろうか。いな。なぜなら、彼は特にわたしについて考えているのではないからである」(7)。それと同じように人がだれかをその美しさのゆえに愛したとすると、その人自身に関心をもったのではなく、偶々その美しさに惹かれたに過ぎない。それは次の瞬間にもう愛さなくなってしまう。実際、外面的な感覚や外的に観察する理性によって人は他者を愛するのであろうか。だが、それに対し日常生活で人々の間で起こっている恋愛は事実このようではないかと反論されるかもしれない。それはわたしたち日本人がもっている浅薄な恋愛の現象なのであって、シェーラーが語っているのは人格的な愛なのであって、相手の外面や借り物に引き寄せられる愛なのではない。彼が語っているのはもちろん人格的な愛であっても最初は相手のもっているさまざまな特性に引き寄せられることから起こってくる。

その初めに愛は偶然的に起こることがあって、相手の外見的な特性に強く惹きつけられてしまう。このことはつねに起こることであって、簡単には否定できない現実である。相手がもっている特性には感覚的なものだけがあるのではなく、理性的にも把握できるものも多くある。確かに愛はその初めにはこうした感覚的な特性に引き寄せられているが、やがてはその特性を宿している相手の存在そのものに目を向けるのではなかろうか。そうではなく、もしも愛する相手の人格に目もくれず、それを無視するとしたらどうなるであろうか。その場合には愛する人にも愛される相手の側でも激しい憎悪が起こってくるのではなかろうか。その例を二、三挙げてみよう。

旧約聖書にはダビデ王の子供たちの間に近親相姦の悲劇が起こったと物語られる。そこには愛憎の悲劇的な姿が生き生きと映し出される。サムエル記下の第一三章にはダビデ家の王子アムノンと美しい王女タマルの間に悲劇が起こってしまった。アムノンがタマルを凌辱した直後「そしてアムノンは激しい憎しみを彼女に覚えた。その憎しみは、彼女を愛したその愛よりも激しかった」と語られる（一三・一五）。これを知ったタマルの兄アブサロムがアムノンを殺害する。このような悲劇がダビデ家を襲うことになる。これこそ愛憎現象がもたらす悲劇に他ならない。同様の現象はドストエフスキーの『悪霊』に登場するスタヴローギンが少女マトリューシャを凌辱する場面でも現われている。この場合には少女の側に怒りが、それを見たスタヴローギンには悪夢が訪れる。実際、感覚的な衝動はこうした結果を絶えずもたらしている。

わたしたちは感覚的な特性に惹きつけられる性欲が真実な性愛によってコントロールされないかぎり、愛憎の渦に巻き込まれざるを得ないといえよう。人間の性欲には衝動的な激しさが潜んでおり、いつ爆発するかわからない。この性欲の衝動に襲われると前後の見境もなく直接行動に突っ走ることが起こる。したがって人に見られていることから生じる恥の意識も薄れ、羞恥心のブレーキもかからない暴走状態に陥ってしまう。この種の性欲だけの人間が引き起こす醜行は『カラマーゾフの兄弟』に登場する父親フィヨードルの行動にもよく描かれている。愛は相互作用によって初めてその名に値するものとなる。それゆえ一方的に相手に向かうエロスの衝動ではなくて、人間としての愛が生まれてくるのは相思相愛の相互性によってなのである。この相手を思いやる人格的な性愛によって性欲の衝動が導かれるのが人間的な愛の現象ではなかろうか。実際、この性の衝動は生のより高い次元から目標を与えられて方向づけられないかぎり、単にその衝動を繰り返して量的に満たすことによっては決して鎮まらないのみならず、愛の反対である憎しみに急変するようになる。愛から憎しみへと急変するのは、愛欲がコントロールされないで放出されても、放出されただけでは決して満たされ得ないからではなかろうか。なぜなら欲求が満たされないとき、人はヒステリックにならざるを得ないからである。

（2） 心情の法則

このような愛と憎しみについてシェーラーは考察を試み、何よりもまず愛憎現象が価値ではなく、価値を含んでいるものを愛することで起こっている点を指摘する。愛憎の場合には一見すると盲目ではないかと判断されるような激しさを伴っている。そこでは価値の先取や後置は起こっていない。それは他の価値にくらべてある価値を「先取」したり、価値もしくは「より高い」価値を志向していないからである。そこで彼は言う、「愛と憎しみの志向（Intentionen）がめざす当のものは、むしろ価値を含んでいるもの（werthaltig）でありかつ価値を含んでいるかぎりでの諸対象（Gegenstände）である。わたしは価値（Wert）を愛するのではなく、価値を含んでいるなにものか（Etwas, das werthaltig ist）をつねに愛する」と。(8) 一般的に言って「価値を含んだもの」が相手の特性を指しているならば、他の人と比べてどっちがより価値があるかと比較考量することになるが、そのような場合には愛憎現象は起こらない。一般的な日常生活では価値を含有しているものとわたしたちはいつも交渉しながら生活を営んでいる。人間同士の場合でさえ何らかの価値をもっている人たちと交渉しながら生きている。そこには快適価値とか実用価値とかがめざされているのが一般である。だからわたしたちはどうしても相手のもっている「人格」としての価値よりも、快適さとか利益になることを考えてしまい、そのような種類の価値物にとらわれてしまう。とりわけ恋愛の場合には相手の特性に惹きつけられやすい。

だが、ここで注目しなければならないのは、シェーラーによって愛が激しい情緒を伴った愛憎現象には理性によっては把握されない一種の「合法則性」が見いだされると主張されている点である。それは既述のようにパスカルが指摘する「心はその理由をもっている」（Le coeure a ses raisons.）という事態である。確かに愛憎の現象にはそれが起こってくる理由が問われるならば、理性的には説明できない事態に直面して、異様な戸惑いが感じられ、有名なクレオパトラの断章にみられる「なにやら得体の知れぬもの」（コルネイユ）としてしか恋愛の原因は考えられない。(9) パスカルはこの得体の知れないものを「心の傾倒」に求めている。(10) このようにして見いだされる「独自の道理」というものは、心情の法則のことであり、心がある目的に向かって傾倒することから起こってくる。シェーラーが求める愛憎の合法則性というのもこの心情の法則と同じであると言えよう。

シェーラーによると、愛憎は、相手の価値を理性的に認めた上で距離をもって関わる「尊敬」とは異なる。尊敬には相手に対する根源的距離が前提されているのに、愛憎を伴う愛は相手の人格ではなく、相手に含有されている価値あるものに最初は関わっていながらもその情緒の激しさのゆえに、盲目であると一般に言われる。しかし、このように激しいのは愛憎が実は相手の人格自身に深く関わっており、相手の心の中枢にまで迫っていくからにほかならない。これこそ愛憎現象に認められる愛の人格的な特質である。そこには「情緒的態度の根源的で直接的なあり方」が現われている。この点をシェーラーはいっそう明瞭に表現して言う、「愛および憎しみは、価値内容そのものに対して、情緒的態度のもつまったく根源的かつ直接的なあり方であり、したがって価値受容の機能（たとえば感得や先取の機能）はその場合現象学的には与えられていない」[11]と。したがって愛したり憎んだりする作用は最初は相手がもっている優れた特性、美しいとか才能があるといった価値のために起こるとしても、そこから相手の存在自体に立ち向かう「根源的・直接的あり方」を伴っている。こうして愛と憎しみは「事柄の個体的中核」と「価値中核」へ、したがって「その人自身」へ向かっていることが判明する[12]。

ここから彼は愛憎現象に見られる独自の法則性を捉えた。それこそ先に述べた「感得、先取、愛、憎しみ（das Fühlen, Vorziehen, Lieben, Hassen）など」の「情緒的なもの」がもっている法則性である。これをパスカルは「心の秩序」や「心の論理」と言っていたのであって、ここから情緒的生の法則性が拓かれてくる。つまり「純粋な論理学と同様に絶対的ではあるが、決して知的法則性に還元され得ない、感得すること、愛すること、憎むことの永遠的で絶対的な合法則性」を彼は把握しようとする。この「合法則性」は理性や悟性による知的合法則性には還元できないので、悟性には完全に閉ざされたような経験の仕方で、つまり「耳と聴力が色彩に対して盲目であるように」、悟性には不可解な合法則性が与えられている、と彼は主張する。[13]

このような合法則性を彼は『同情の本質と諸形態』において愛憎の現象学的考察によって解明する。まず、この愛憎作用の本性はブレンターノが説いたようには価値認識の領域に属していない。したがって「愛と憎しみは認識作用にはかぞえられない」。[14]それは価値認識を基底づけていても、価値認識そのものではなく、その志向対象は価値よりも「価値をふくんだもの」(etwas, das werthaftig ist)である、と言われたのである。

このように愛憎は相手の特性という評価可能な価値を超えて直接人格に関わっているため、合理主義者からは「盲目」のようにみなされるが、理性が評価する目とは別の心の眼によって、より高い人格価値をそこに見いだすことができる。つまり「愛と憎しみの中には、〈理性〉の明証性によっては測り得ない独自の明証性が存在する」[15]。この明証性は観察されたデータからの帰納によっては増大も減少もしないし、すべての偶然的な性質や存在に対してアプリオリに（経験に先んじて）妥当している。したがって愛は一般的な経験の法則を超えた特有な本質法則をもっており、あらゆる差異の中にあって同一であるような、究極的な同一性という本質を示すことになる。

(3) 愛の本質とは何か

では、そのような愛の本質は何であろうか。それは次の二つの方法によって明らかとなる。まず、(1)「愛」と「先取」とを対比させてみると、「先取」においてはAとBとの二つの価値を前提とした上で、二つが比較されて選択が行われる。それに対し「愛」は理性によって比較され得るような多数の価値を前提としておらず、ただ一つの価値物に対してでも生じ得る。この専一的な傾倒のゆえに愛は盲目であるとも言われる。次に、(2)愛は対象に向かう志向運動であって、ある対象のうちに与えられた価値Aから出発して行き、その対象の中にあるより高い価値Bを出現させる運動であって、このより高い価値の出現は愛との連関の中で起こってくる。愛が相手の人格に関わりながら、その価値を発見し、より高い価値へと相手を高め、価値領域を拡大して行くのに反し、憎しみの方は、反対により低い価値へと相手を貶め、価値領域を縮小させていく。ここに愛憎の自発性と価値の発見作用があって、この根源的働きの上に価値感得や価値先取が基礎づけられる。したがって愛は本質的にすべての所与を超えて他者の中にあるより高い価値に向かう運動であることになる。彼はこの点を次のように説いている。

なるほど愛のうちには、愛されている事物の積極的価値、たとえばある人のもつ美、優雅さ、善良さが感じられるが、このことは、その人に対するあらゆる愛がなくても可能である。〔つまり相手の特性は理性だけで把握できる〕。愛は、愛において「実在的なものとして」（"als real"）すでに与えられている価値に対し、運動（Bewegung）すなわち、すでに現存し与えられてはいるけれども、積極的性質としてはいまだ与えられていない可能的な「より高い」価値への志向（die Intention auf noch mögliche "höhere" Werte）がつけ加えられたときに、はじめて存在するものとなる。(16)

したがって愛は、後述する性愛現象でとくに明らかになるように、欲望と一緒になって相手に関わってはいても「愛される人がもつより高い価値の可能性をめざす運動」と言えよう。だが愛は他者の内により高い価値を探求したり、価値を高める努力をしたり、またより高い価値存在を創造するのではない。むしろ「可能的な」より高い価値を捉えて、それを相手が自覚するように関与する運動であり、憎しみはより低い価値を捉えて、相手を堕落させる運動である。それゆえ愛は理性的には考えられないので「理由なしに」、あらゆる特性さえ排除していって「専一的」に他者に関わりながら、他者のもつことが可能なより高い価値に向かう運動である。これがシェーラーが捉えた愛に固有な法則なのである。このような真実な愛の姿をとらえたことは確かに驚くべき発見ではなかろうか。

そこでもう少し詳しくこの愛の姿を紹介してみよう。情緒的な激しさをもって愛憎現象を引き起こしている愛の中には相手のうちにその最高の価値に向かう運動が認められる。それは次のように言われる。

愛とは、価値を担っているあらゆる具体的・個体的対象（konkretet individuelle Gegenstand）が、その対象にとって、またその理想的使命にしたがってあり得る最高の諸価値に向かう運動、あるいは、その対象にとって本来的である自己の理想的な価値存在（ideales Wertwesen）に到達する運動である。(17)

このように愛が相手の人格に直接関与しながら、その「理想的な価値存在」を発見し、より高い価値へと相手を高め、価値領域を拡大して行くのに反し、憎しみの方は、その反対により低い価値へと相手を貶め、価値領域を縮小させていく。ここから愛の本質は「愛される対象のもつより高い価値の可能性をめざす運動」として規定される。その際、愛はより高い価値を何らかの対象の中に探求するのでも、価値を高める努力でもなく、またより高い価値存在を創造するのでもなく、より高い価値を相手に出現させる運動であり、憎しみはそれを破壊する働きである。このように愛が価値のより高い存在を「創造しないが、現われ出るようにする」(nie schaffen, erscheinen）という点こそシェーラーの偉大な発見ではなかろうか。

こうして愛する人が他者に、たとえばみすぼらしく、見る影もない人に出会って起こる心の運動は、外見のもとに埋もれた、外見に優る、より高い価値が愛する人の心にきらめいて、「現われ出る」作用なのである。したがって愛の運動において「初めて対象もしくは人格のより高い価値が突如としてきらめきでてくる」(der höchste Wert eines Gegenstandes oder einer Person erst zum Aufblitzen kommt)、また「愛においてはじめて高い価値がきらめきでる」(18)とも言われる。

こうした愛の働きについて遺稿である『愛の秩序』では次のように言い換えられる。

愛は、愛する際に、それが手中におさめ所有しているものをつねに幾分越えて広く愛し、かつ観る。愛を解き放す衝動の力は疲れることがあるにしても、愛そのものは疲れることはない。この「心を高くあげよ」(sursum corda)、これが愛の本質であるが、これは価値領域の種々の高さの局面において根源的に異なった形式をとりうる。(19)

このように愛がより高い価値に向かって超越する運動であるのに、衝動の方は対象の感性的享受のうちに消滅していく。しかし、この消滅してゆく衝動のもとにあっても、そこに伴われていた精神的対象に向かう愛は、人格愛の高みに向かう超越となり、「所与のものを越えてつねに少しばかり遠方へと捉す」運動を生じさせる。この超越の運動によって愛は階層的秩序を構成している客観的価値世界と密接に関わっているだけでなく、愛の超越的運動と一緒に、後述するように、価値世界の秩序が愛の中に反映し、その具体的歩みの中で各人の「愛の秩序」が形成される。

二つの事例を挙げてこの点を説明してみよう。一つはシンデレラ物語であり、もう一つはイエスの愛である。グリム童話のシンデレラ物語はドイツ語では「灰かぶり」と呼ばれている。それは暖炉の掃除をしたりして上の二人の姉に比べると見劣りがする娘さんの物語である。この娘が着飾って突然王子の舞踏会に現われて、王子と踊り、気に入られるが、急いで帰宅するときに靴の一方を置き忘れてしまう。その後、この靴に合う女性を王子が捜すと、一見すると薄汚く見えるシンデレラが捜していた女性であることが発見されるという物語である。これは王子の愛が外見の姿よりも内なる美を捉えるという愛の視力の高まりを示している。この愛の力こそ先に述べた「所与のものを越えてつねに少しばかり遠方へと捉す」ものであって、真人の愛の本性である。

イエスの愛も同じである。イエスは貧しい者や病める人を愛したが、彼の愛はこの人たちの貧困や病を愛したのではない。この点をシェーラーは次のように見事に説き明かしている。「救済行為の愛は、貧しい者、病める者の中にある積極的なものを実現し展開させるのである。病める者や貧しい者の病や貧困が愛されるのではなく、それらの背後にある隠されたものが、それらの病や貧困から救助されるのである[20]」と。ここでの救済行為の愛というのは、人格的な愛を指している。確かにアガペーとしての神の愛は、価値ある存在に注がれるのではなく、むしろ無価値な者、放蕩に身をやつしている者に注がれるが、それでも彼らの無なる様が神の愛を起こすのではなく、神の愛が彼らの内心とその内奥にそそがれており、悲惨と貧困から彼らを救い出すのである。

註

(1) Furstner, H., Schelers Philosophie der Liebe, im: Studia Philosophica 17, 1957, S.23.

(2) G.W. 2. 82.『倫理学』第一巻、一三三頁。

(3) この三分法についてここでは詳論することができないので、金子晴勇『人間学講義』知泉書館、二〇〇三年、六四―六七頁を参照されたい。

(4) パスカル『パンセ』L422、B277、前田陽一・由木康訳、世界の名著、中央公論社、一九六六年。

(5) カント『プロレゴメナ』土岐邦夫訳、世界の名著、一五四頁。したがってそこから「対象を把握する作用にしたがって対象の法則が〈規整〉されねばならない、つまり対象把握の法則はまた把握対象の法則でもある」とも説かれた。

(6) これが現象学の最高原則として次のように規定されている。「或る対象種が存在するという主張はすべて、この本質連関にもとづいて、この対象種がそのうちに与えられている経験種の申し立てをも要求する。そのかぎりにおいてわたしたちは、〈価値はその本性上感得する意識のうちに現出し得るのでなければならない〉と主張するのである」(G.W. 2, 270『倫理学』第二巻、一七六頁)。この経験対象と主観的経験種とは、対《つい》の関係にあって、両者が相関項として互いに直接連関し、相互に指示し合っている。

(7) パスカル、前掲訳書、B323、L688。

(8) G.W. 7, 151.『同情』二四九―二五〇頁。

(9) パスカル『パンセ』L688。

(10) パスカル、前掲訳書、L422、B277。

(11) G.W. 2, 161.『倫理学』第一巻、二五〇頁。

（12）「評価可能な諸価値へと、いわんや、別々に感得可能な諸価値へと全面的に解消してしまうのでは断じてないような価値中核へと向かっている」（G.W. ibid, 前掲訳書、二五一頁）。
（13）G.W. 2, 260-261.『倫理学』第二巻、一六〇―一六一頁。
（14）G.W. 7,151.『同情』二四九頁。
（15）G.W. 7, 151. 前掲訳書、二五二頁。
（16）G.W. 7, 156.『同情』二五八頁。
（17）G.W. 7, 164.『同情』二七一頁。このような愛の本性については多くの賛同者を獲た。たとえばディートリヒ・フォン・ヒルデブラントの『愛の本質』（Das Wesen der Liebe, 1971）の全体、カール・ヤスパースの『世界観の心理学』（Psychologie der Weltanschaungen, 1954）S.123-129、ニコライ・ハルトマンの『倫理学』（Ethik, 1962）S. 532- 544. などが挙げられる。
（18）G.W. 7, 155.『同情』二五六頁。
（19）G.W. 10,358.『愛の秩序』三四三―三四四頁。
（20）シェーラー『ルサンティマン』「シェーラー著作集 四」白水社、一一九頁。

第Ⅶ章　愛の秩序とその惑乱

はじめに

愛の秩序という思想はプラトンからシェーラーに至るヨーロッパの歴史の各段階ごとに混沌とした生活に人間らしい倫理を確立するために提起されたものである。そこにはその時代ごとの思想状況が色濃く反映している。プラトンでは精神と身体とのギリシア的な二元論が、アウグスティヌスでは創造者と被造物とのキリスト教的人格関係が、パスカルでは行動における機能的な関連が、シェーラーではヨーロッパ的な価値観が、それぞれ愛の秩序を構成する基礎となっている。(1) こうした相違があってもそこに共通に認められるのは、人間をその根底から突き動かし、生活の破壊を伴った混沌を引き起こしている衝動的なインパルスに対決する態度である。この種の衝動に対決して真の愛は、他者の価値を高めながら、その歩みにおいて秩序を建設するといえよう。この点をわたしたちはシェーラーの思想から学ぶことができる。

1　愛の秩序

シェーラーの遺稿『愛の秩序』こそまさしくこのような試みであるが、その論攷で彼は「客観的な価値秩序」と「主観的な愛の秩序」という二つの秩序を区別し、さらに「正しさと誤謬ないし倒錯」を「愛の秩序とその惑乱」として解明する。その叙述の冒頭には次のような言葉が述べられる。

わたしの生存と営為におけるあらゆる種類の正しさと誤謬ないし倒錯は、次のことによって規定されている。すなわち、わたしの愛と憎しみ、わたしの好みと嫌悪、この世界の諸事物へのわたしの多様な関心といったこれらの諸活動に、客観的に正しい秩序が存在するかどうかということ、さらにこの「愛の秩序」(ordo amoris) をわたしの心情に刻印することがわたしにとって可能かどうかということ、このことによって規定されている。(2)

ここに述べられている「客観的に正しい秩序」は「客観的な価値段階」を言うのではない。したがって精神価値・生命価値・快適価値・実用価値といった価値の段階を言うのでもない。そうではなく、ここで「正しい秩序」と言われるのは、客観的な価値世界や価値位階が心に正しく反映し、刻印されており、それによって主観的な愛情や関心といった諸活動が人格的に統一される構成秩序のことである。この意味での愛の秩序は諸価値間の永遠の秩序の反映、もしくは価値世界を反映し、それの「対型」をなしている小宇宙であるともいわれる(3)。この秩序はわたしたちの心情と愛のうちに知的合法則性には還元できない、心情の法則性を形成する。だが、この法則性とは別に個人や社会の具体的行動様式であるエートスの中にこの秩序が主観的に形造られており、そこに各人の人格的な基本的な核心をわたしたちは捉えることができる。こうして主観的な愛の秩序は各個人の中に多様な形態および各自の多様な行動を一つにまとめる基本線を次のように形成する。

ある人間の愛の秩序をもつ人がその人間をとらえている。彼は、道徳的主体としてのその人間に対して、水晶の形式が水晶に対してあるところのものを所有している。彼はおよそ人がひとりの人間を見透しうる限度まで、その人間を見透す。彼は、あらゆる経験的な多様性と複雑さの背後に、つねに単純に走っている彼の心情の基本線を眼の前に見るのであるが、この心情こそ、認識や意欲よりいっそう精神的存在としての人間の核と呼ばれるに値する。(4)

この心情の基本線こそ多様な作用を統一し、変化のただ中にあっても不変に持続している人格を構成するものである。だが、やや複雑であるが、この秩序は二種類に分けられる。一つは先に述べた客観的な価値秩序の反映としての愛の秩序である。もう一つは各自の行動によって形成される秩序である。ここからシェーラーは愛の秩序の「規範的意義」と「事実的・記述的意義」との二重の意義を説いている。まず（1）規範的意義というのは「愛すべき価値」の位階を認識し、すべての人に等しく妥当する永遠の価値位階を反映する「客観的に正しい愛の秩序」であって、それが各人の意志に関係づけられたり、それがある意欲によって命じられたりする。（2）他方、人格としての各個体はその人格的特性のうちに各自の個体化された愛の秩序をもっている。それは各人に固有なものであり、ここでの愛の秩序はそれぞれの特性をもっており、記述的に把握される。(5)

したがって愛の秩序というのは個人がそれにしたがって行動すべき客観的な秩序と、現実にそれにしたがって生きている秩序を表現する。それゆえ後者の秩序には各々の人格によってその人の愛の秩序とその特殊な起伏が潜んでいるとはいえ、それでもなお客観的なものとして与えられており、日常生活の中で、あるものを他のものに対して先取したり後置したりする一定の法則にしたがって、その人を至るところで引きつけたり撥ねつけたりする。したがって蝸牛《かたつむり》のように「人間はそれをあたかもどこに行っても身につけてゆく殻の中で歩き回るように、歩き回っている(6)」と言われる。

このことはカントが説いた道徳法則と格率との関係をシェーラーが実質的価値倫理学から把握し直したものといえよう。カントの場合、道徳法則は定言的命法をもって「すべし、すべからず」と義務を命じる。それが理性的な存在である人間に対して無条件的に命じていても、それとは別な生き方を人は現実には自由に採用することができる。そのさい個人の主観的行動の原則はカントによって「格率」と呼ばれ、個人が採用する生き方である格率が道徳法則に一致するとき「善」が実現する、と説かれた。このような一致がない場合には傾向性にしたがっていると見なされ、傾向性が義務と対立的に立てられた。彼によると傾向性とは快・不快・自愛・幸福にしたがう生き方であって、個人的な好みのような傾向にしたがう生き方である。それゆえ義務が「……すべし」という定言的命法を伴っているのに対し、傾向性は仮言的命法の形で「(もし幸福になりたいなら)こうした方がよい」といった処世訓のようなものである。さらに人は道徳法則にしたがう生き方によって人間の尊厳たる「創造の究極目的」に達すべきであるのに、現実には「悪への性癖」をもち、自然的欲望である傾向性に従い、個人的な生き方である格率を転倒させている。そのため人間の本性が根底から破壊されている事実を彼は指摘し、それを『単なる理性の限界内での宗教』では「根本悪」（das radikale Böse）と呼んで、キリスト教の原罪の教えに同意する。この根本悪とは道徳法則を行動の動機とするか、それとも感性的衝動を動機とするかを意志が選択する際、どちらを他の制約にするかという従属関係によって意志は善とも悪ともなりうるが、正しい従属関係に立つ道徳秩序を転倒することによって、悪は自然的性癖となり、人間の本性にまで深く根づいていることを言う。

このカントの考え方を実質的な価値の観点から改造したのがシェーラーの「愛の秩序」であるように思われる。その説は遠くアウグスティヌスに淵源する。彼によると人間は永遠な価値序列を「客観的に正しい秩序」としてその内心に「愛の秩序」として反映させている。これに対し人は各々の個別的な生き方によって主観的な秩序を立て、これによって永遠の価値序列に一致したり矛盾したりすることができる。こうして神的な世界秩序の転倒も可能となった(7)。

そうすると一方において「愛の秩序」は、心に反映している客観的な価値秩序を前提として、それをどのように実現するかによって各人において主観的な「愛の秩序」を構成していることになる。それを図表で示すと次の価値の五段階がまず心に反映している。

価値の秩序				
実用価値Ｅ	快適価値Ｄ	生命価値Ｃ	精神価値（真・善・美）Ｂ	聖価値Ａ
の心における反映＝愛の秩序				

このように価値の秩序は位階順序として成立する。最高の「聖」価値は精神価値に属するが、真善美を越えているので、それよりも上位に立つと考えられる。この価値表ＡＢＣＤＥはヨーロッパ的な伝統では客観的な位階をもって伝承されている。さらには価値の秩序として、聖価値Ａ・精神価値（真・善・美）Ｂ・生命価値Ｃ・快適価値Ｄ・実用価値Ｅが、心の反映としてそこに愛の秩序が形成される。だが人によってこの価値表を改竄《かいざん》することができる。たとえばこの位階の順位を全面的に転倒させて組み替えるとＥＤＣＢＡとなり、純粋なニヒリズムとなる。また生命を最高位に置くとＣＤＥＢＡという価値表が組み立てられ、生物学的世界観の表明となる。

後者の二つの場合には個人的な秩序によって客観的な価値表はぼんやりとしか意識に反映されなくなる。このようにして現実には価値錯覚が起こってくる。この種の転倒について彼は次のように言う。

人間の事実的傾向性（faktische Neigungen）や愛の作用（Liebesakte）は、愛すべき価値の位階（Rangordnung der Liebenswürdigkeiten）と一致したり矛盾したりしうる。……もし人間が、事実的愛において、あるいは愛の作用の構成秩序（bestehende Ordnung）において、先取と後置（Vorziehen und Nachsetzen）において、この自体的に存立している秩序を転倒させるならば、その人間は同時に、志向に従って神的世界秩序（die göttliche Weltordnung）をみずから転倒させる——このことはその人間しだいであることになる。そして、どこで彼がその秩序をこのように転倒させようと、そこではまた、可能的な認識対象としての彼の世界、意志・行為・活動的場としての世界も、それにつれて必然的に転倒する。(8)

それゆえシェーラーによると愛は前章で考察したように相手に人格的に関与し、その価値を次第に高める運動であるから、実用価値から聖価値にまで他者を高めるように志し、憎しみはその逆方向に作用することになる。このように理解すると彼の思想がいかに実際的にして現実的であり、したがって説得力があるかが分かってこよう。次にその様子を愛と衝動の違いからさらに詳しく紹介してみよう。

2 愛と衝動

愛がより高い価値に向かって超越する運動であるのに、衝動の方は対象の感性的享受のうちに消滅してしまう。したがって愛が相手のもっているより高い価値を志向する運動であって、その有様は比喩的に表現すると、前にも説明したようにシンデレラに対する王子の態度とよく似ている。「シンデレラ」はドイツ語で「灰かぶり」と言われるように、見たままでは家事に明け暮れる薄汚い末娘でしかなく、表面的には何の特性もない娘に見えるが、その中に隠されている優れた資質である価値、将来の王女としての卓越した価値を捉えるのが王子の愛にほかならない。このように現実を直視して、同時にそこに隠れているより高い価値を引き出すことこそ愛の働きである。この価値を引き出すという「引き出す」(educere)は「教育」(ducatio)であって、生徒や学生の価値を高める運動である。ところが相手から感性的な快楽だけを求める放蕩児は、悪霊にとりつかれたスタヴローギンやドン・ファンのように、より低い快楽価値を志向するため、いつもせわしなく対象から対象へと衝動によって突き動かされ、そこには結果として憎しみが残るだけとなる。なぜなら快楽は飲めば飲むほど渇きを覚えるものであり、それによって得られる満足は一時的なものにすぎないからである。このことは「満腹」という形の「満足感」を考えてみるだけで十分であろう。

だが物質的な満足から精神的なそれに向かうと、愛は何かしら充実したものとなり、持続性も高まってゆき、人への愛から神への愛にまで最終的には高まってゆくことができる。

このようなわたしたちのうちに形成されている愛の秩序に対しシェーラーは規範となるような「客観的に正しい秩序」が「愛すべき価値の位階」として与えられていると説き、わたしたちの心中にはこの客観的で正しい愛の秩序の写しが与えられており、わたしたち自身で形成した愛の秩序と一致したり矛盾したりしていると語る。ここから永遠の愛の秩序とその惑乱がわたしたちのうちに起こって来る。それゆえ彼は次のようにこの現象を説き明かしている。

それゆえ人間が、個人として、あるいは団体として、ある有限的善において、彼の愛の衝動の絶対的に究極的な充足と満足を得たとどこで思い込もうと、そこで問題になるのは、一つの迷妄であり、彼の精神的・道徳的発展の停滞であり、衝動による束縛であり、あるいはより適切にいえば、衝動の、愛を解発し愛の対象を制限する機能から、束縛し阻止する機能への逆転なのである。われわれは愛の秩序の破壊・混乱というこの普遍的形式を〈ものの虜となる〉という古い表現でもって特徴づけようと思う。この言葉は、人間が、指導的な人格中心を越え出て何かある有限的善へと心を奪われ、その内へと引きずり込まれていること、ならびに、この態度の迷妄性を、このうえなく具象的に表わしている。(9)

確かに衝動は愛に伴走しており、衝動の力なしには他者なる人格に到達できないが、問題はこの衝動がわたしたちの心に反映させている客観的な価値世界（聖・精神・生命・快適・有用の価値序列）を無視して愛を束縛するときに起こってくる。そこにはわたしたち各自の愛が誤まって、それ自体として客観的に妥当する価値位階の秩序を勝手に転倒させることがどうしても起こらざるを得ないからである。たとえばわたしたちが知識・金銭・権力・祖国などの有限的な善でもって絶対的満足を得たと思い込むとき、それが起こる。シェーラーはこのテキストで「わたしたちは愛の秩序の破壊・惑乱というこの普遍的形式を、ものの虜になる（Vergaffung）という古い表現をもって特徴づけようと思う」と言う。つまりわたしたちは個人としても、また集団としても有限的善を絶対視して、それによって究極的な価値・充足・満足を得たと信じ込むとき、そこに「ものの虜になる」迷妄と迷信が発生し、精神的な発展を停滞させるようになる。愛がわたしたちの多様な行動を統合する秩序をわたしたち自身のうちに形成しているが、この秩序が客観的に正しい価値位階と合致するときには、愛は他者に向かってより高い価値を実現するように志向する。だがそれが価値位階と矛盾するとき、愛の秩序は混乱し、道徳的停滞が生じ、他者の価値を低下させる憎しみに愛は変質する。このような愛の法則性こそシェーラーが倫理の核心に据えたヨーロッパの伝統的な「愛の秩序」の学説なのである[10]。

3　愛と共同感情

近代の自然主義的な愛の理論の中にはフロイトのように愛を衝動に還元する主張があって、現代に至るまで有力な学説となっている。シェーラーはフロイトの「昇華」の理論を高く評価したが、性愛を性衝動に還元する説に反対した。それは彼が愛には独自の認識があることを洞察していたからである。だが、愛とは同情であるという倫理学における同情学説もジョン・スチュアート・ミルによって彼の時代には説かれていた。同情とはシンパシーであって、ドイツ語でも

Mitgefühl は字義的には共同感情を意味する。だからそれは「思いやり」という優れた意味と同時に人間が生れながらもっている「感情機能」でもある。ここから愛は同情というような感情ではない点がシェーラーによって次のように指摘された。

ところで実際に共同感情（Mitgefühl）と愛と憎しみとはどのように対立するものであろうか？　第一に愛はそれ自身一つの価値に関係している。それゆえ、すでに愛はいかなる場合にも決して共感（Mitfühlen）ではない。……第二に愛は決して「感得すること」（Fühlen）（すなわち機能）ではなく、一つの行動（ein Akt）であり、一つの「運動」（eine Bewegung）である。すべて感得するはたらき（Fühlen）は受容すること（ein Aufnehmen）、諸価値や状態（たとえば「苦しむ」、「耐える」、「忍ぶ」）を感じることである。それゆえわたしたちはこのはたらきを「機能」（Funktion）と呼ぶ。しかし愛は心情の運動（eine Bewegung des Gemüts）であり、一つの精神的行為（ein geistiger Akt）である。(11)

シェーラーは愛が感情ではなく、「心情の運動」や「精神的行為」であると言う。したがって愛は心が感じる何らかの「機能」（Funktion）ではなく、自己から出て行って他者に向かう「運動と行為」（Bewegung und Akt）であると主張した。そこには当時盛んに説かれていた同情倫理学との対決と批判が遂行されている。今日の言葉で言えば愛とは単なる「同情」や「思いやり」といった生まれながらの「心の機能」ではなく、自己から出て行って他者に具体的に働きかける行動や活動であることを彼は力説した。これは今日でも熟考されるべききわめて優れた見解であるように思われる。

そこでシェーラーはまず「同情」（Sympathie=Mitgefühl）つまり「共同感情」と「愛憎」とを区別する。『共同感情の本質と諸形式』の中で彼は他者に対する同情や共感がなければ愛は生じないが、それでも愛は共同感情に還元できない点を詳しく論じた。たとえば「共歓と共苦」において起こっている共同感情は他者との一体感から生じながらも、自他の異質性にもとづいて他者に即して理解がなされないと、愛は決して行動となって起こって来ない。このように共同感情と対比することによって愛の四つの特質が次のように指摘される。

愛の四つの特質　（1）愛はそれ自身ある価値に関係している。（2）愛は「感得する機能」ではなく、一つの行為であり、ある「運動」である。（3）愛は感得することができない愛する対象からの「さそい」、「まねき」としても与えられうる。（4）愛は自発的作用であり、「応答愛」

の中でも、それがどのように基礎づけられていようとも、やはり自発的である。

共同感情の特質　これに反して一切の共同感情の働きは、一つの反応作用である。たとえば、人はもっぱら感得する人に対してのみ共同感情をもつことができるにすぎないが、愛はこのような制限にまったく左右されない。同情すべき人に対してわたしたちは「おかわいそうに」と感じていても、感じるだけでは何ら援助活動を起こさない。

この点を彼は説明して次のように「共歓共苦」という共同感情を例にして言う。共同感情は「とくに共苦によって導かれる人助けの行動を通して初めて成りたつのではない。なぜなら倫理学的吟味に耐えうる数少ない諺の一つに述べられているように、昔から〈そもそも、分けられた苦しみは半分となり、分けられた喜びは倍になる〉からである。むろん援助という行為へ導くこと自身は、共苦が本物であることの〈しるし〉には相違ない(12)」。

このようにすぐれた共同感情の価値は認めるとしても、これだけでは決して愛することがおこらない。たとえば「片思い」という共感現象を考えてみると、それは人が相手に好意を寄せていても、実際の行動を起こさず、やがては無為のうちにしぼんでしまう。なぜなら感情だけでは行動は起こってこないからである。

共同感情と愛の関係　確かに愛の本質は人格の行為であって、共同感情のように「反応の作用」ではないからである。もちろん発生的には共同感情が愛を基礎づけていても、愛がなければ共同感情は消滅する。「そのもっとも重要な連関は、すべての共同感情が、一般にある種の愛に基礎づけられており、一切の愛を欠くときには、共同感情もまた消滅すること、この関係は断じて逆にはならないことである(13)」。つまり共同感情は人格的愛の指示する方向に向かって起こるため、それが機能として示す方向性の観点から見ると、それは最初から愛によって基礎づけられている。したがって「わたしたちの愛の程度と深さにしたがってのみ、わたしたちは共感する」という明晰な法則が指摘される。さらに共感していても愛していない場合、たとえば「かわいそうにと感じていても、手をださない」場合が認められても、「愛している場合に共感しないということは全くあり得ない」点が指摘される。したがって共同感情は愛と同時に起こっていても、それ自身だけでは生体に備わった機能であって、自分の外にいる他者に対する行動を起こさない。

それゆえ愛は自発的行為であり、もろもろの行動を統一し、相違した行動であっても何らかの形で一つのものに組み入れられる人格の核心を形作っている。その特質は『愛の秩序』の中で「心情の基本線」とも「人間の核」としても説かれる。彼は次のように言う。

ある人間の愛の秩序を知っている人はその人間をとらえている。彼は、道徳的主体としてのその人間に対して、水晶の形式が水晶に対してあるところのものを所有している。彼はおよそ人がひとりの人間を見透しうる限度まで、その人間を見透す。彼は、あらゆる経験的な多様性と複雑さの背後に、つねに単純に走っている彼の心情の基本線を眼の前に見るのであるが、この心情こそ、認識や意欲よりいっそう精神的存在としての人間の核と呼ばれるに値する(14)。

このように人間の心情(Gemüt)は「人格の核」であって、ばらばらに見える行動は「心情の基本線」によって一つに束ねられている。これこそ愛の秩序であって、人格は対象的には目に見えなくとも、その人が導かれている基本線を把握すると、見えない人格の中核がその人の愛の秩序として見えてくる。このことは他者を理解する上でもっとも重要な視点ではなかろうか。

4 愛の現象学の現代的意義

シェーラーがこれまで愛を現象学的に解明し、発見した真理は人間を正しく理解するために不可欠なものであると言えよう。それを要約すると、愛は一般に考えられているように人を盲目にするのではなく、真に人間らしく行動させる、と言うことになろう。この点について彼自身は次のように発言している。

真の愛は、愛される対象のもついっそう高い価値（höhere Werte）に対して、つねに精神の眼をひらかせるといわなければならない。すなわち愛は精神の眼をみえるようにするのであって、たとえば「目を見えなく」（"blind"）する（愛においてあきらかにただ感覚的な衝動的情熱のみを考えている理不尽な諺がのべているような）ものではない。精神の眼を「見えなくする」のは、経験的な心情運動（Gemütsbewegung）における愛では決してなく、愛にたえずつきまとう感覚的衝動（sinnlichen Trieb）であり、この衝動が事実上愛を抑圧し制限するのである。(15)

シェーラーはこのように愛の運動の法則を現象学的に捉えようと試みてきた。その場合、愛と感覚的な衝動との区別が不可欠になってくるが、日本人には古来、この両者の区別がなされてこなかったように思われる。たとえば日本語の「愛」という言葉はこれまで一般的に言って男女間の関係に限定されて用いられる傾向があった。しかし男女間の愛には「恋愛」という言葉があるし、また異性に対する愛には「性愛」という言葉も使われてきた。さらに日本語には「親子の愛」「友愛」「祖国愛」「真理愛」などいっそう広い人間関係や高い価値に惹き寄せられる心情を表現する言葉がよく使われてきた。この広い意味での「愛」という言葉が使われても「愛には秩序や法則などない」と考えられ、わたしたちが親を大切に思うのも、恋人を慕うのも、友人を好むのも自分自身の自由な発意からであって、そこにはなんらの仕来りや取り決めなどはないし、ましてや秩序などありはしない、と考えられている。だが愛の習俗や秩序を否定するだけでは、一般社会から遊離した過激な活動を生み出すことになり、社会にとって有害で、破壊的な存在となりかねない。むしろ愛の本当の姿は、単に何かを否定し破壊することだけに留まりうるものではなく、否定の破壊作用を通してであっても、何か新しい存在を創造し、かつ、新しい秩序を形成するのではなかろうか。

たとえばここで想起すべきことは、シェーラーが『愛の秩序』という遺稿の中でゲーテの言葉「心しずかにあたりを見るものは、いかに比べる愛の心を高むるかを知る」(16)を引用していることである。確かに秘められた衝撃力をもって突入してきた性衝動は、わたしたちのうちに隠されていた愛を目醒めさせ、異性との出会いによってその行動が起こり、粗野な欲望を人間化し、わたしたちを魅了して新しい世界へと引きあげることが起こる。この愛の高揚させる作用は恋愛の初期に若者に著しい変化を生じさせる。キルケゴールはこの点について「恋愛の最初の期間こそ、この上もなく美しいものである。そのときは、相逢うたびに、目と目を見かわすたびに、何やら新たな喜びが心のうちに起こってくるものだ」と述べている。また漱石の『こころ』の主人公も初めて「お嬢さん」と呼ばれた恋人に出会ったとき、「ほとんど信仰に近い愛」を心に覚え、次のように彼に語らせている。

わたしはお嬢さんの顔を見るたびに、自分が美しくなるような心持ちがしました。お嬢さんの事を考えると、気高い気分がすぐ自分に乗り移って来るように思いました。もし愛という不可思議なものに両端があって、その高い端には神聖な感じが働いて、低い端には性欲が働いているとすれば、わたしの愛はたしかにその高い極点を捕まえたものです。(17)

そこには身体があっても「全く肉のにおいを帯びていない」と漱石が指摘しているように、出会いにおける愛の高まりが認められる。このような高揚を引き起こすのは愛なのであって、決して性衝動ではない。しかし性衝動なしには出会いも生じない。そして性衝動の中にも対象を選択する働きがあるかぎり、性衝動に働きかける愛が伴われているのも事実である。だから性衝動の力によって愛が異性に出会いながら目醒めて、性衝動を人間化してゆくところに愛の真実な姿が見られるといえよう。そこにはもちろん「美しい錯覚（惑い）」（カロッサ）にみちた「性に目ざめる頃」（室生犀星）が感じられる。

漱石が日本を代表する国民的な文学者であるとすると、シェーラーにとってはゲーテがドイツ文学の代表者であるといえよう。そこでゲーテにおいて愛が心をどのように引き上げるのかを考えてみよう。ゲーテはその代表作『ファウスト』第２部の終幕でファウストの救済という壮麗な場面の終局を次の有名なことばで語る。

永遠なる女性的なもの、
われらを高みへ引き行く。(18)

この合唱のことばの中にゲーテの愛についての生涯をかけた思索が結晶しているといえよう。この詩句の意味を理解するためには、そのすぐ前に聖母マリアがグレートヒェンと呼ばれたファウストの愛人に語っている、やさしい心のこもったことばに注目しなければならない。

輝く聖母（かつてグレートヒェンと呼ばれた贖罪の女にむかって）
さあおまえ、もっと高いところにお昇り！
おまえがいると思うと、
その人はついてくるから。

恋ゆえに母と兄と子を死なせて刑死したグレートヒェンは、罪を悔い聖母にすがる信仰心でもって愛するファウストの救いを願ったが、この愛が男性を高めて救いに導くのである。グレートヒェンはファウストへの愛のゆえに思いもしなかった犯罪に陥り、死を通しての贖罪のわざによって愛する人を救いに導いていく。それゆえゲーテのいう「永遠なる女性的なもの」というのは、より善い、より美しいものに高める愛を表現している。「はじめに行為があった」とヨハネ福音書の冒頭を訳したファウストは、自らの行動を通して自我を無限に拡大しようという野心に駆られていた。ここから学問・女性・政治へと衝動的に愛を増大させて、やがて自己破壊をおこしてしまう。この行動主義に女性もまきこまれてしまうが、女性の愛は男性の衝動的な愛が悪魔化しないように男性をいっそう高い善と美に引きあげようとする。放っておけば男性は万事を軍事化してしまうが、女性はかかる野蛮をやわらげて「女の平和」（アリストファネス）を実現するように導く。男性の衝動エネルギーがこの女性の愛に従うとき、人間の歩みは正しい方向をつねにとるのではなかろうか。ゲーテはこういう女性のもつ最高の可能性を「永遠なる女性的なもの」という言葉によって愛の本質を表明している。

わたしは前にシェーラーにおける愛の特質が彼の価値倫理学における倫理的善の規定に由来していると語った。つまりより高い価値を実現するものが善であり、より低い価値を実現するものが悪であって、この考えが愛の本質を規定している、と述べた。これに優る愛の理解はないであろう。だが、最後に挙げたゲーテこそシェーラーの愛の思想に影響しており、そこにはキリスト教的な贖罪愛が背景になっているといえよう。

註

（1）その歴史的な展開について詳しくは金子晴勇『愛の思想史』第二部「〈愛の秩序〉の思想史」知泉書館、二〇〇三年、九一頁以下を参照。

（2）G.W. 10, 347.「愛の秩序」二二三頁。

（3）E. Pravas, The greate themes of Scheler, in: Philosophy Today, 1968, p. 8.「人間の ordo amoris は、わたしたちが分かちもっている価値の位階の所与ゆえに、すべての人間存在において同一であるが、各個人がそれを自分で感じるために、すべての各個人は価値の特別な宇宙をもっていることに注意すべきである」。また A. Deeken, Process and Performance in Ethics. Max Scheler's Moral Philosophy, 1974, P. 178f.「ordo amoris の規範的意味では愛の客観的な正しい秩序もしくは人間の心に反映している価値の位階の秩序づけられた写しを言い表わしている。……人間の心は ordo amoris の所在地であり、いわば価値の客観的全世界の小宇宙である」。

（4）G.W. 10, 347. 前掲訳書、二二五頁。

（5）愛の秩序の記述的方法による把握について次のように説かれている。「ここではこの〔愛の秩序という〕概念は、道徳的に重要な人間的行為、表現現象、意欲作用、習俗、習慣、精神的所産の最初は混乱している事実の背後に、合目的的に働く人格核心の最も基本的な目的の最も単純な構造——この主体がそれに従って道徳的に存在し生きるいわば道徳的根本的形式——を見出すための手段である」（G.W. 10, 347. 前掲訳書、二二四頁）。

（6）G.W. 10, 347. 前掲訳書、二二四頁。

（7）これが愛の秩序の「惑乱現象」であって、ルサンティマンもこれに属する。だから「ルサンティマンは、あの永遠なる〔価値の〕秩序を人間の意識の中で〈転倒〉させる諸根源の一つである。それはあの価値秩序の錯覚と、生活の領域への誤った価値秩序の印象づけの源泉である」と言われる。

（8）G.W. 10, 357.『愛の秩序』二四一頁。

（9）G.W. 10, 347. 前掲訳書、二四五頁。

（10）詳しくは金子晴勇『〈愛の秩序〉の思想史的研究』岡山大学文学部研究叢書、五巻、一九九〇年を参照。

（11）G.W. 7, 146-1407,『同情』二四二頁。

（12）G.W. 7, 144-145.『同情』二三八—二三九頁。

（13）G.W. 7, 147.『同情』二四三頁。

（14）G.W. 10, 348『愛の秩序』二二五頁。

(15) G.W. 7, 219,『同情』二六五頁。
(16) ゲーテ『西東詩集』小牧健夫訳、岩波文庫、一九六二年、六八頁。
(17) 夏目漱石『こころ』三「先生と私」参照。
(18) ゲーテ『ファウスト』第二部、手塚富雄訳、「新集・世界文学4」中央公論社、一九七〇年、二六二頁。

第Ⅷ章　ルサンティマンとキリスト教の愛

シェーラーは幼年時代を不幸な家庭環境に育ったこともあって、一四歳のギムナジウム在学中にカトリックの司祭より洗礼を受けた。それはカトリックの共同体の精神とその愛の教えに惹かれたからである。その後、アウグスティヌスやパスカルに傾倒したこともあってキリスト教思想をその哲学に積極的に採り入れていった。とりわけ『道徳におけるルサンティマン』や『人間における永遠なもの』に収められた『宗教の問題』ではキリスト教思想にもとづいた宗教哲学が展開しており、キリスト教の真理を広く伝え知らせることに貢献した。晩年になるとカトリックを去り、形而上学的に神を論じるようになったが、それでもキリスト教信仰を信奉しなくなったとは考えられない。そこでわたし自身が彼からキリスト教に関して学んだルサンティマンについて述べておきたい。

1　ルサンティマン論

ニーチェが「ルサンティマン」(Ressentiment＝反感、遺恨)という言葉をキリスト教的な愛に対する批判として用いた最初の人である。シェーラーはニーチェのルサンティマン論を価値倫理学の観点から再考し、とりわけルサンティマンの源泉を解明して、キリスト教の愛がルサンティマンの産物でないことを論じてから、ニーチェの仮説が誤って立てられている前提を指摘することにより批判した。シェーラーのこの優れた著作をわたしたちは「愛の秩序とその惑乱」という観点から考察してみたい。

ニーチェは『道徳の系譜』(Zur Genealogie der Moral)の第一論文においてキリスト教的「奴隷道徳の行動は根本的に〔貴族道徳に対する〕反動であり」、ルサンティマンの産物であると主張する。彼の仮説によると福音の本質は次のようである。

復讐と憎悪の、ユダヤ人的な憎悪の――最も深くかつ最も崇高な、すなわち理想を創り価値を創り換える憎悪、かつて地上にその比類を見なかった憎悪の――あの樹幹から、同じく比類のないあるものが、一つの新しい愛が、あらゆる種類の愛のうちで最も探くかつ崇高な愛が生じてきたのだ。……愛の福音の化身としてのこのナザレのイエス、貧しき者、病める者、罪ある者に至福と勝利とをもたらすこの「救世主」……によってこそ、イスラエルはその崇高な復讐欲の最後の目標に到達したのではなかったのか。(1)

さらに、イスラエル自らが復讐によってイエスを十字架につけた結果、イスラエルのすべての敵がこれに食いつくようにさせたのは、偉大な復讐の術策であった、とニーチェは主張し、この復讐と価値の転倒によって貴族的道徳に対する奴隷道徳の勝利がもたらされたとみなされる。「道徳上の奴隷愛が始まるのは〈反感〉(ルサンティマン)そのものが創造的になり、価値を産み出すようになった時である」(2)。それは貴族道徳が自己肯定から生じているのに対し奴隷道徳は「自己でないもの」を頭から否定し、この否定を創造的行為になしている。たとえば敵を愛せよという戒めは、敵に復讐できない否定の無力感のため正当化された行為とみなされる。

このようなニーチェのルサンティマンの仮説に対しシェーラーはルサンティマンの現象を愛憎や精神病理学によってまず解明し、「ルサンティマンとは、全く特定の原因と結果とを伴う一種の〈魂の自家中毒〉なのである」(3)と規定し、組織的な抑圧によって生じ、特定の価値錯覚と特定の価値判断の持続による心的態度である、と説いた。このルサンティマンを引き起こす重要な源泉は復讐衝動であるが、同時に復讐できない無力感が襲って来るような心の状況である。たとえば嫉妬がルサンティマンの源泉になるのは、欲求するものがあっても他人がそれを所有しているため、それへの欲求を否定するほかないという無力感によってである。そのさい他人がそれをもっているということが、自分がそれを所有できないという苦痛の原因になっていると錯覚し、誤認する場合、憎しみや悪意をもった態度となって先の欲求と無力感が爆発する。つまり「ルサンティマンは独得な無力感の媒介なしには形成されない(4)」。

もちろんルサンティマンをいだきやすい人間の素質（おとなしく言葉少なく、はにかみ屋で行儀がよい）によって、抑圧が蓄積されやすいことや、その人の住む社会の構造（差別された階級や人種、僧侶、老人、受身的になりやすい女性）や無力感をうむ生の衰退現象が大きく作用している点が指摘された。しかし、そこでは錯覚価値にもとづく誤った価値判断が重要な役割を演じる。「すなわち、これら他人の諸価値が彼になお積極的なものとして、また高い価値として感じられておりながら、ただそのさい錯覚価値によって、それらがいわば〈覆われている〉（überdecken）のである。それらの積極的な価値が錯覚価値という覆を透して、いわば〈透視的〉（transparent）にぼんやりとしか透かして見えない、ということである。ここでは、その客観的な価値は、ルサンティマンの妄想がそれらに対して立てる仮象価値を通して透視されるのであり、本物でない〈仮象世界〉に取り囲まれて生きているのである」(5)。このような価値錯覚によって生じる誤った価値判断に村し「真正の道徳は、永遠なる〈価値序列〉と、それに対応する、数学的真理のように客観的で厳密に〈明断な〉価値優先法則に基づいている」(6)。これがパスカルのいう心情の秩序や愛の秩序であり、それ自体は普遍的であって理解の仕方だけが歴史的であるような秩序である。

シェーラーはこの『ルサンティマン』においても、愛の秩序を永遠な価値序列を心に反映させている「客観的に正しい秩序」とみなす。これに対し各人の個別化された人格の諸作用の統一において、愛の秩序は主観的な構成秩序をもっており、それによって永遠の価値序列に一致したり、矛盾したりすることができる。そこから神的世界秩序の転倒も可能である。そうすると愛の秩序の惑乱と言われているものにルサンティマンも所属していることになる。

　ルサンティマンは、あの永遠なる〔価値の〕秩序を人間の意識の中で「転倒」させる諸根源の一つである。それはあの価値秩序の錯覚と、生活の領域への誤った価値秩序の印象づけの源泉である(7)。

このルサンティマンによる愛の秩序の転倒は、「価値表の改竄《かいざん》」となり、道徳を形成している優先法則を転覆させ、人間の価値意識にある永遠の秩序を破壊し、それまで悪であったものを善として通用させることになる。しかし、このルサンティマンによる道徳の形成がキリスト教道徳で生じている、とニーチェは言うが正しいのであろうか。これに対するシェーラーの回答は次のようである。

なるほどキリスト教の価値観は、きわめて容易にルサンティマンに基づく価値の転換に陥っているとしばしば理解されてきたが、われわれは、キリスト教倫理の中核は決してルサンティマンの土壌に芽生えたものではないと考える。むしろわれわれは、一三世紀以来ますますキリスト教道徳を解体し始め、フランス革命においてその最高の成果を挙げた市民道徳の中核こそがその根源をルサンティマンの中にもっていると考える。近代の社会運動の中で、ルサンティマンは強力な規定力になってきたのであり、まますます既成道徳を変革してきているのである。(8)

シェーラーはこのことを明らかにするためにキリスト教における愛の概念の中に「愛の動向転

換」が生じていることを指摘し(9)、高貴にして健康なものが自らを低めて、卑しい者や病める者に自らを与える愛の中に、無力感はなく、最高のものを獲得し神に似た者となる信念が見られると説く。とりわけイエスの行為と言葉の中にはルサンティマンに侵された影もなく、罪人が悔い改めるよう呼びかけた言葉は、「最高の究極的な人格性の価値が貧―富、健康―病気などの対立からは独立していることを明示しようとする逆説的な形式(10)」をとっている。この人格性の価値は所有や生命価値から独立した神の国の高い秩序のもとで発見されたのである。

したがってニーチェの仮説が誤ったのは、このキリスト教の愛の理念を見誤った点にあり、その誤りの根拠は彼が判断の基準にしたそれ自身誤った価値基準にある、とシェーラーは指摘する。またニーチェの仮説はキリスト教道徳自体が他の価値観と出会って変質した歴史のプロセスに注目していないことからも生じていると批判された。とりわけニーチェの誤謬はキリスト教を宗教として捉えず、宗教的に正当化された道徳として受け取った点と、生の哲学によって生物学的価値にすべてを還元しようとする彼自身の世界観にある、と厳しく批判した。

したがってわたしはこう主張したい。キリスト教の兄弟愛は根源的に生物学的原理とも、政治学的原理とも、社会学的原理とも考えられていないということである。キリスト教の兄弟愛は、すくなくとも初源的に、人間だけを神の国に直接にあずからせる人間の精神的中核に、人間の個体的な人格性そのものに、向けられる。……イエスにとって人間の中に神の国が内住するということは、ある特定の形態の国家制度や社会構造と結び付くようなものではなかった。(11)

シェーラーからニーチェを見るとニーチェの生の哲学は生命価値を最高のものとみなし、従来のキリスト教的ヨーロッパの価値体系を「神の死」の下に転倒させようとする試みである。ニーチェの最大の誤謬は、宗教における人格価値としての「聖」価値を全く理解しない点にある。これに対しシェーラーは永遠的な価値の序列を精神価値・生命価値・快適価値・実用価値という位階秩序において捉えており、聖価値は精神価値の最高のものとなしている。聖価値の理解はシェーラーの宗教思想から解明されるべきであり、倫理学的考察からは独立しているが、キリスト教的な愛の内実はこの価値にもとづいている点だけをここでは指摘するにとどめたい。(12)

こうしてルサンティマンは愛の秩序の惑乱現象として理解することができる。わたしたちの心には永遠の価値位階が愛の秩序として示されてはいても、現実の愛のわざにおいては、この位階を転倒させ、何らかの「ものの虜となる」場合が多い。そのさいルサンティマンに陥っている人は、積極的な価値を錯覚により貶めて、妄想によって覆ってしまい、心の内に反映している客観的な愛の秩序に不透明な覆いをかけている。また主観的には価値の序列自体を組み代えて改竄し、価値世界の歪んだ高低の序列を生じさせることも起こってくる。こうして異常ともいえる行動、たとえば放火魔や、連続殺人事件、無差別殺害行為などが、嫉妬・憎悪・敵意・陰険・猜疑心などの感情の突然の爆発となって発生する。ルサンティマンに陥っている人の体験構造の中に価値がいかに歪められた形で定着しているかを洞察するとき、愛の秩序と人格の構成秩序との関連の重要さを再び理解することができる。つまりルサンティマンという否定的な現象を通して客観的な愛の秩序が弁証法的に顕在化してくる。ここにパスカル的な「廃王の悲惨」のように、否定を通しての間接証明による人間の尊厳の論証方法がシェーラーによって継承されている。

2　キリスト教の愛と認識

先に考察した愛の真実な姿は驚くべき発見であった。ではシェーラーはこの愛をどのように発見したのであろうか。このことを明らかにするために彼が「愛と認識」という論文で説いている「愛の動向転換」を参照してみよう。そうすると、彼が真実な愛のもとで何を考えていたかが判明するであろう。彼は愛の動向転換について次のように言う。

むしろ高きものから低きものへの、神から人間への（Gottes zum Menschen）、聖人から罪人への（des Heiligen zum Sünder）などといった愛にあふれた下降（liebevolle Herablassung）が、それ自体、「より高きもの」からの（des Höheren）、それゆえにまた「最高のもの」からの（des Höchsten）、すなわち神からの（Gottes）本質に取り入れられている。まさしくこの愛の動向転換（Bewegungsumkehr der Liebe）の基礎にあるものこそ、愛と認識の、また価値と存在の、或る新しい基礎付け方（Fundierungsart）なのである。(13)

このように「愛の動向転換」についてシェーラーは語っているが、それが真実な愛の理解とどのように関係しているかはこの文章だけでは明らかでない。そこで彼の認識論の特徴をこの論文「愛と認識」から考察してみたい。

近代的市民の判断の中に「愛は盲目である」、つまり愛は真実を見極めることができず、目をくらませるという通説がまかり通っている。これに反対しゲーテは「人は自分が愛しているもののほか何ものも知るに至らない」と主張し、レオナルド・ダ・ヴィンチは「あらゆる偉大な愛は偉大な認識の娘である」と語り、さらにパスカルは「愛と理性とは同じものにほかならない」と主張する。このような発言はいずれも愛と認識との間にある内的な相互促進の関係を見事に捉えている。もっともゲーテの場合には愛が認識を基礎づけ、レオナルドの場合にはそれとは反対に、認識が愛を基礎づけており、前者の立場はキリスト教の最大の思想家アウグスティヌスの愛の学説、つまり愛を精神のもっとも根源的な原動力とみなし、愛がいかなる理性よりも至福をもたらすという思想につながり、後者の立場は主知主義的な愛の理念に立つインド的世界観、およびプラトンやアリストテレスのギリシア思想と同質であると説かれた(14)。

ところがキリスト教の出現とともに認識と愛との関係は根本的に変化した。シェーラーはこれを「愛の動向転換」と言い、ここでは低いものから高いものへの、非存在から真の存在への愛の上昇運動というギリシア的公理はもはや妥当しなくなり、先の引用文に説かれているようにそれが批判されるようになった(15)。

この観点からキリスト教以後のヨーロッパ精神史において「認識に対する愛の優位」が説かれたが、それはパスカルやマールブランシュに受け継がれたアウグスティヌスの伝統の外では、今日、哲学的にほとんど無視されてしまった。そこでシェーラーは、認識やすべての作用および思想また世界観の根底には、一般的に根源的に基礎づける愛の作用が存在し、愛や関心が精神作用を新しく基礎づけると主張した。

実際、何らの関心をいだかないでは感覚や表象作用さえも生じないし、対象の選択も関心によって当の対象に引き寄せられなければ総じて起こりようがない。この関心を寄せる作用には愛や憎しみが働いているのも事実である。そこから世界観や思想も結局は愛または関心の作用の構築・方向・骨組によって形成されるし、世界観や思想の拡大と深化もそれに先行する関心や愛の拡大と一致する。しかし愛と関心の作用は、認識主観の感覚・表象・想起・概念形成の基礎にある根源的活動であるばかりか、愛において「対象自体の応答反作用、すなわち対象の〈自己与示〉、〈自己開示〉、〈開明〉、換言すれば対象の真の自己啓示」[16]が起こってくる。つまり愛の問いかけに対し世界は自己の本質を開示し、この世界の自己啓示によって世界は自己の完全な存在と価値を啓示しながら応答する。こうして愛は主観的認識の根源的活動であるばかりでなく、相手や対象の応答を引き起こし、その自己啓示によって所与性における意味の充実、十全な存在と価値に到達する。この愛と応答愛との二つの働きによって初めて愛の本質規定が次のように明確になる。「愛は、各自の事物を、それに固有の価値完全性の方向に導こうとする――そして、障害が入りこまなければ、導く――ところの傾向、あるいは活動である」[17]。これまでは愛は理性や認識によって把握できる、より高い価値の実現に向かう運動であると一般に規定されてきた。しかし、より高い価値の志向は、相手や対象自身が所有しているものであって、愛する側からそのような価値を押しつけることも、創り出すこともできない。むしろそのような価値は対象そのものが自ら啓示、もしくは開示するものであって、愛はこの相手や対象からその応答愛と対象存在の自己啓示を引き出すことによって、対象自身の隠された価値の実現に向かうのである。このように愛が応答愛を引き出すというのは、人格的に把握される愛の特質であり、人は総じて愛されたいなら、それに先だって真実を尽くして相手を愛さねばならないことを教える。

このように「愛の動向転換」が説明されて初めて、わたしたちはギリシア的なエロース説（より高い価値を求める上昇運動）からキリスト教的なアガペー説（より高いものの低いものへの下降運動）への愛の転換がシェーラーによって愛の本質に組み込まれていることを理解できる。ここから愛の現象は相手のうちに価値あるものを求める運動ではなく、相手が所有していても自覚されずに隠されている、より高い価値を引き出す運動であることが理解されるようになった。シェーラーはこの愛の思想をアウグスティヌスとパスカルのキリスト教的な伝統から学んだのである。

3　人格的な愛——神の愛は人格に注がれる

いつの時代でも社会的な貧困と身体的な病には重大な関心が寄せられてきた。だがイエスは社会主義者でも医者でもなく、魂を配慮する者であった。この点をこのシェーラーの論文「愛と認識」は指摘する。ニーグレンの『アガペーとエロース』と同様にシェーラーはギリシア思想からキリスト教に移ると、愛の方向転換が生じたと言う。エロースは本質において価値あるものを追求し、それを所有したいという熱望であり、最高の意味では神的なものへと上昇していく愛である。それに対しアガペーは価値あるものへの愛でもそれを所有したい願望でもなく、価値があるなしにかかわらず神から授与される無償の愛であり、所有するよりも授与しようとする自己犠牲的な愛である。ギリシア的なエロースが価値あるものを追究し、神にまで上昇しようとする運動であったのに対し、アガペーとしての神の愛は無価値なわたしたちに注がれているが、それはわたしたちが罪人という無価値な存在だから与えられるというのではなく、イエスの御父に対する愛のように（ヨハネ一四・三一）価値ある存在に向けられることもあるが、価値をあこがれて求めるといった誘発され、動機づけられた性質のものではなく、他者に価値を授け、価値を引き出す性質のものである。それゆえ神の愛は罪人に注がれている場合には、罪人の罪を許容しているのではなく、罪の支配に服している人格を罪から救い出そうと働きかける。このことをシェーラーは次のように言う。

救済行為の愛は、貧しい者、病める者の中にある積極的なもの（das Positive）を実現し展開させるのである。病める者や貧しい者の病や貧困が愛されるのではなく、それらの背後にある隠されたもの（das, was hinter diesem ist）が、それらの病や貧困から「救助される」のである。(18)

神の愛は悪人としての罪人ではなく、罪を自覚した人格自体に向けられる。それは神の愛の注ぎを受けて方向転換した質の高い愛だからである。

キリスト教的体験においては、愛と認識の、価値と存在のラディカルな転置さえもがなされているのだということを、わたしはすでに示しておいた。わたしはそれを愛の「動向転換」と名づけたのであるが、そこでは、愛とは低きもののより高きものへの、非存在の真の存在への、人間のみずからは愛することをしない神への、悪しきものの善きものへの運動であるといったようなギリシア的公理はもはや妥当せず、むしろ高きものの低きものへの、神の人間への、聖人の罪人への、等々といった愛にあふれた下降が、それ自体、「より高きもの」の、それゆえにまた「最高のもの」の、すなわち神の、本質に取り入れられているのである。まさしくこの愛の動向転換の基礎にあるものこそ、愛と認識の、また価値と存在の、或る新しい創出種なのである。(19)

これこそ人格的な愛の本質である。この点に関し彼はさらに次のようにも語っている。

道徳的に価値の高い愛とは、その人格があれこれの特性をもち、活動をおこない、あれこれの「才能」にめぐまれ、「美しく」、諸徳をそなえているがゆえに、その人格を愛しつつ注目するといったような愛ではなく、これらの特性、活動、才能がこの個体的人格に属するがゆえに、これらの特性、活動、才能をその対象のなかへ共に引きいれるような愛である。それゆえ、このような愛だけが、これらの特性、活動の変化する可能性から独立しているという意味でも、「絶対的」な愛である。(20)

そこでは最高の人格という価値が貧と富、健康と病気という対立から元来全く独立しているということが示される。実際、愛は人格の次元で働くのである。人格は人間の精神作用の中核であり、しかも個性的なその人自身の中枢であって、いっさいの所有関係と社会関係との根底にある人間の存在自身を指し、その人格が他の人格と関わる間柄において愛の特殊次元が開かれる。したがってこの次元を見いだすためには自他の所有している付属物のいっさいを、財産、身体的優美、性格、才能、思想、社会的地位と名誉などをも超えて、少なくともそれらを度外視して、人間の存在自身に立ち向かわなければならない。このような付帯する特性を排除したら、人間にはいったい何が残ろうかと疑問をいだく人が多いかもしれない。だが人格に最高の価値を認めるシェーラーは、こうした人格の存在そのものに向かう愛を道徳的に高い愛とみなすのである。それは人格的な愛である。

さて、この人格の中核に触れるためには、わたしたちは相手と他者とを比較することを止め、その人に付帯的に所属するすべてを排除して、専一的にその人自身に関わらなければならない。そうすると先述のシェーラーの言葉にあるように、神の愛が貧者や病人にある貧困や病いではなく、そのもとで苦しんでいる人格自身に向かい、そこに外面的な苦悩によって隠されている人格に愛を注ぎ込み、そこから全く新しい存在を授ける救済が実現すると言えよう。したがって貧困や病気を救おうと経済学や医学が科学としてどんなに高度に発展しても、隠された人格に対する愛はつねに求められることになる。このような人格的な他者への関わり方は、すぐれた意味で他者に対向する関係行為であるため、必ず相手の応答行為と応答愛を引き起こすことになる。したがって、それは人格間に生起交流する関係愛であるといえよう。これはすぐれた持続性をもち、相手の死を超えてなお生き続けることによって永遠の姿を宿すものとなる。

註

（1）ニーチェ『道徳の系譜』木場深定訳、岩波文庫、一九四〇年、三三一―三四頁。
（2）ニーチェ、前掲訳書、三六頁。
（3）M. Scheler, Das Ressentiment im Aufbau der Moralen, Klostermann, 1978, S.4『ルサンティマン・愛憎の現象学と文化病理学』津田淳訳、北望社、一九七二年、八頁。
（4）op. cit., 18. 前掲訳書、三二頁。
（5）op. cit., 17. 前掲訳書、三一―三二頁。
（6）op. cit., 29. 前掲訳書、五〇頁。
（7）op. cit., 29. 前掲訳書、五〇頁。
（8）op. cit., 36. 前掲訳書、六四頁。
（9）op. cit., 38. 前掲訳書、七一頁。
（10）op. cit., 49f. 前掲訳書、八七頁。

（11）op. cit., 57, 前掲訳書、一〇一頁。
（12）本書第Ⅸ章「宗教の現象学」を参照。
（13）M.Scheler,Liebe und Erkenntnis（Dalp-Taschenbuecher）S.18.『愛と認識』「著作集」第九巻、一四一頁。
（14）M.Scheler, op. cit., S. 14. 前掲訳書、一三五頁。ここでシェーラーがインド的、ギリシア的愛の理念をどのように捉えているかに立ち入って紹介する余裕はない。
（15）この観点はニーグレンの名著『アガペーとエロス』によって解明されているのと同じ内容である。
（16）M.Scheler, op. cit., S.27. 前掲訳書、一五四頁。
（17）G.W. 10, 355.『愛の秩序』一三八頁。この点に関しては本書第Ⅵ章2節の（2）でも同様に考察された。
（18）op. cit., 43. 前掲訳書、七八頁。
（19）シェーラー「愛と認識」「シェーラー著作集」第九巻、白水社、一四〇—一四一頁。
（20）G.W. 7, 167.『同情』二七七頁。

第Ⅸ章　宗教の現象学

――霊性・悔恨・良心の現象学的考察――

はじめに

これまでわたしたちはヨーロッパ文化を近代化や合理化の典型として称賛し、模倣すべく努めてきた。したがってヨーロッパ文化を学ぶことはルネサンス以降の近代化と合理化を学ぶことであった。しかし近代化や合理化が起こした弊害が大きいのも確かで、現在、手放しでヨーロッパ文化を賛美する人はいない。けれども中世からの流れを追ってみると、近代化や合理化はヨーロッパ文化のほんの一側面であって、ギリシア文明の「知性」とキリスト教の「霊性」とを総合したヨーロッパ文化は、宗教においては、とりわけその霊性思想において卓越していると言えよう。ところが日本におけるこれまでのヨーロッパ文化と思想の受容は、生命の根源である霊性を除いた亡霊となった屍を尊重してきたのに過ぎなかった。ところがシェーラーは宗教の意義を宗教現象学の立場から力説してやまなかった。この点を考慮すると彼の思想家としての偉大さがクローズアップされてくる。

シェーラーは現象学の方法によって宗教的認識の根本的な特質を解明していった。それは『人間における永遠なるもの』という論文集に収められている『宗教の問題』という論考に見いだされる。彼はそこで霊的な現象として宗教を見事に解明する。その内容は今日でも注目すべき真理を含んでいるので、その思想の核心部分を取り出してみよう。その後、この宗教ともっとも深く関連する悔恨と良心の現象学的考察をシェーラーがどのように行っているかをも考察してみたい。

1　神認識の可能性について

彼によると神の存在は人格的であり、しかも無限の人格であるため、人間の自発的な認識作用によっては捉えられない。一般的な経験の領域においては推論や分析によって証明は可能であるが、超自然的・神的・人格的な存在者である神の存在はそれによっては証明することができない。だから、もし神について語り得るとしたら、それは神自身の側からの「提示」と「確証」による他にはない。彼は現象学の基本的前提にもとづいて認識をまずその対象との本質的連関において捉える。つまり、認識に対しては常に存在が本質的に相関している。ところで、神的人格存在に本質的に相関しているものはいったい何であろうか。それは、神的人格が自己を啓示するさいに、それを受容できる人間の働きである「宗教的作用」のみであり、この諸作用の分析だけが神についてわたしたちが何か積極的に語りうるすべてである。したがって、わたしたちは人間がどのように自己自身のもとで神的なものを経験できるかについてのみ考察することができる。

(1) 対象種と経験種との関連

そこで彼は神の認識の可能性について根本的に次のように主張する。

ある対象種が現に存在する(Existenz einer Gegenstandsart)という主張はすべて、この本質連関(Wesenszusammenhang)にもとづいて、この対象種がそのうちに与えられている経験種(Erfahrungsart)の申し立て(Angabe)をも要求する。そのかぎりわたしたちは、「価値はその本性において感得する意識のうちに姿をあらわさねばならない」(1)(Werte müssen ihrem Wesen nach in einem fühlenden Bewusstsein erscheinbar sein.)と主張する。

このように語ってシェーラーは宗教的な経験とその認識の可能性について言明する。一般的に言って現象学では対象と認識との間に本質連関が求められる。つまり何かあるものが意識に現象するかぎり、それと相関して意識のうちに認識の機能がなければならない。したがって聖なるものの体験が人間に与えられているなら、その対象と意識の志向体験の間には本質的な連関がなければならないことになる。換言すると、神が存在するかぎり、たとえ神が無限の人格であるため、人間の自発的認識作用によっては捉えられないとしても、神という「対象種」があるかぎり、それを経験する「経験種」が要請されうる。確かに日常的な一般的な経験の領域においては推論や分析によってある種の実在はその証明が可能であるが、啓蒙主義者カントによれば超自然的・神的な存在の証明は認識の彼岸にある。だが、もし神が人格神としてわたしたちに語りかけるとするなら、そこにはある種の特異な経験が可能となり、そこから神認識が生まれる。したがって無神論者といえどもこの可能性は否定できないと言えよう。

宗教は聖なるものに対する信仰によって成立する。この信仰は人格的に他者に関係し、それに信頼を寄せて、一体となる特質をもつばかりか、人間の意識に属しているかぎりある種の認識能力をも併せもっている。神は聖なるものという宗教的価値であり、それは先の引用にあったように「感得する意識に」（in einem fühlenden Bewusstsein）現象する。だが、この現象の仕方は対象の「現われ＝表象」において、つまり啓示において与えられるばかりではなく、同時にそれは人間の側の「感得」という作用においても与えられる。この感得作用についてシェーラーの次の発言は注目に値する。

世界は体験において原理的には、それが「対象」として与えられているのと同様、直接的に「価値の担い手」および「抵抗」としても与えられる。したがってまた、たとえば風景の美しさ、あるいは好ましさ、愛と憎しみ、意欲と意欲しないこと、宗教的予感と信仰というような、あることを感じるという諸作用のうちに――そしてこれらの作用のうちにのみ――直接的に現われ、またそれに向かって輝き出るあの本質内実も問題とされるべきである。（2）

ここにある「価値の担い手」というのは宗教的認識では「聖なるもの」を指している。宗教価値とは「聖」価値であり、その担い手は「宗教的な人間」（ホモ・レリギオースス）にほかならない。このように聖なるものは意識の対象としてのみならず、聖者のような「〔聖〕価値の担い手」や「抵抗」としても与えられ、「宗教的予感」や「信仰」がもっている「感得作用」によって把握される。このような「感得作用」は感性や理性とは相違する「霊性」の作用である。したがって宗教現象学のもっとも重要な課題は、宗教経験を成立させている先天的・実質的存在が前提された上で、それとの関連において人間の内奥に生じている宗教的作用を解明することである。この宗教的作用というのは神の啓示を受容するときの心の働きであって、信仰によって啓示内容を受容する作用を意味する。この作用は簡単に言えば、いわゆる「宗教心」を意味する。すべての人はこの宗教心を自己の内部にもっており、人間の本質を構成しているものには一つの絶対的領域があって、それを満たすものは永遠なる神のみである。

(2) 自然的啓示と実定的啓示

ところでシェーラーによると神の啓示には二種類があって、その形態は自然的啓示と実定的啓示、または一般啓示と特殊啓示とに分けられる。それは啓示が自然現象や人間の心・社会・歴史を通して示されるか、それとも聖者の人格と言葉とを媒介にして示されるかによって分けられる。[3] 世界宗教は後者の啓示に属しており、それは特定の教祖・教義・教団をもっている既成宗教であり、キリスト教や仏教などの形態およびその分派である。それは通常「実定的宗教」(positive religion)と呼ばれる。これに対して自然的宗教というのは特定の教祖・教義・教団をもたない宗教で、その形式や内容において必ずしも統一されていない。したがって自然的宗教は諸国民の世界観の根底に潜んでいるものであっても、世界観によって表明されているわけではない。自然的宗教は原始的な自然宗教ではなく、ヨーロッパの啓蒙時代に栄えた理神論のように、理性によって認められる信心や信念であって、既成の宗教を否定していると思われる時代思想の背後に潜んでいる人間の自然本性に由来する信仰心なのである(4)。

シェーラーによると自然的宗教は人間存在の根底に現存するものであって、神的なものの三つの属性、すなわち「自己自身による存在者」(Ens a se)、「全的活動性」(Allwirksamkeit)、「聖性」(Heiligkeit) はすべてのものによって認められている。

2　宗教的作用としての霊性

シェーラーの宗教論のとくに優れている点は宗教的な作用を「霊性」の機能として明確に規定したところに求めることができる。それは既述の「価値はその本性において感得する意識のうちに姿をあらわさねばならない」という根本思想に表明されている。それは「聖」という価値がどのように「感得する意識」によって捉えられるかという問題である。この意識は宗教的な作用として次のように解明された。

宗教的作用の本質要素（Wesensbestandstücke des religiösen Akts）を綿密に探求してみると、三つの特徴が明らかになる。これらは宗教的作用をことごとく汲み尽くすものではないが、いかなる場合にもこれと他の種類の作用から区別されうる診断的価値をもっている。それは第一に、その作用の志向が世界超越であること（die Welttranszendenz seiner Intention）、第二に、ただ「神的なるもの」によってのみ満たされうること（die Erfüllbarkeit nur durch das〈Göttliche〉）、第三に、おのれ自身を開示し人間におのれを捧げる神的性格の存在者を受けいれること（神的なるものの自然的な啓示）によってのみ満たされうること（die Erfüllbarkeit des Aktes nur durch die Aufnahme eines sich selber erschliessenden, dem Menschen sich hingebenden Seienden göttlichen Charakters（Natürliche Offenbarung des Göttlichen））、の三つである。したがって、あらゆる宗教的認識の原則、「神についての知識はすべて神による認識である」（Alles Wissen über Gott ist Wissen durch Gott）という原則がここに妥当する。(5)

霊性は神の啓示を受容するときの心の働きであって、信仰によって啓示内容を受容する作用を意味する。すべての人はこれを自己のうちに、心や最内奥の根底となる絶対的領域としてもっている。この絶対的領域を満たすものは、上述の引用にあるように、永遠なる神であり、間違って有限なものがそこに闖入《ちんにゅう》するとそれは偶像となる。彼は言う、「人間は自分の作った偶像に魔法にかかったように縛りつけられ、それを〈あたかも〉神であるかのごとくもてなす。このような財をもつかもたぬかという選択は成り立たない。成り立つのはただ、自分の絶対領域に神を、すなわち宗教的作用にふさわしい財をもつか、それとも偶像をもつか、という選択だけである」と。(6)

この偶像には一般には金銭・国家・無限の知識・女性などがあげられる。有限的なものが絶対的領域に侵入することは、昔の神秘家の言葉により「ものの虜となる」(vergaffen) という現象を発生させる。このような偶像を破壊し、絶対的領域に向けられた宗教的作用にふさわしい存在者である神を提示し、見いださせるようにしなければならない。

シェーラーはこのような宗教的作用である霊性を「神に向かう霊的志向」(geistige Intention auf Gott) によって考察し、たとえば祈り・感謝・崇拝・畏怖の作用、また悔悟・謙虚・畏敬などの作用を通してそれを解明した。このように霊性が「神に向かう霊的志向」(geistige Intention auf Gott) であることを彼は心の奥底にある次のような三幕もののドラマとして描く。そのドラマの第一幕では人間的な実存状況の認識が求められ、そこには「無知と無力」の自覚の不可欠であることが説かれた。(7) 第二幕ではこの精神の志向作用とその対象である永遠者との本質的連関を「断ち切ることのできない永遠の本質的紐帯」として考察し、そこに精神の尊厳と崇高性とが見いだされる。さらに第三幕は永遠者からの光の啓示を受容する物語である。このような三幕からなるドラマは人間の心の奥底において生じる神と人との関係の動的展開から成り立つ。そこには（1）聖なる神の前での人間の無知と無力の自覚、（2）それにもかかわらず神と人との永遠の本質的な連関と紐帯の認識、（3）永遠者の光の啓示による有限者の理性活動がドラマチックに展開する。(8)

こうしてキリスト教的霊性が宗教的作用として捉え直される。そのさい先の引用文にあった三つの法則性が重要な意味をもってくるので、それを説明しておきたい。

（1）「その志向の世界超越性」

宗教的作用がその志向において世界超越的である点が第一に力説される。ここで「世界」というのは人間が経験する事物と事実のみならず、志向主体としての自己を含めた有限な存在領域の全体を指す。また「超越」というのは総じてすべての種類の世界を超えることを言う。一般的に「超越とはすべての意識志向に具わる特質である」。つまり意識には自己を超出して他なる実在を思念することが含まれる。だが宗教的作用における超越は世界が全体として超越される場合に限って用いられる。

（2）「それはただ〈神的なるもの〉によってのみ満たされ得る」

世界に属するものや世界を構成しているもの、つまり有限なものによってはこの作用は本質的には満たされない。この洞察はアウグスティヌスの『告白録』冒頭の言葉「あなた〔神〕のうちに安らうまではわたしたちの心は不安である」に端的に示される。それは宗教的志向が自己と社会の全行為を含めて有限の事物、有限の財、有限なる愛の対象によっては満たされないことの洞察である。

（3）「それは自己自身を開示し、人間に自己を捧げる神的性格の存在者を受け入れること〈神的なるものの自然的な啓示〉によってのみ満たされる」

宗教的作用の特質は、その他の認識と相違しており、それが本質上志向している当の対象の側からの応答、対応作用、反応作用を要求することにある。これは愛（Liebe）が応答愛（Gegenliebe）であることと本質的に連関している事態と全く同じである。このような応答は、対象が神的人格形態を備え、その啓示が人間の側の志向作用を満足させなければ、本質的に不可能である。そこに形而上学と宗教との根本的違いがある。「形而上学にとっては神的なものの人格性は到達できない認識の限界をなしているが、宗教にとってはこの人格性はアルファであり、オメガである。この人格性が眼前に浮かばないと、これを考え信じ心中にその声を聴くことがないとすれば、そこでは厳密な意味で宗教について語れない」(9)。この作用は求めている当の相手から受け取るのであるから、少なくとも受け取ろうという自発的行為を前提する。神的人格者の啓示は、既述のように一般啓示と特殊啓示とに分けられるが、ここでの宗教的作用は両者に妥当する。

宗教的体験は日常生活の中にあって、それを超越した存在者に触れ、満たされるということを意味する。それは「全く他なるもの」(das ganz Andere)と関わる体験である。この他者は神的人格者として人間の内界と外界、歴史と自然を通して象徴的に自己を啓示する。自然現象を介して経験される宗教的畏怖も人間によっては量り知れない神的人格に淵源するといえよう。こうした人格による救いを受け取ることが宗教体験の本質を構成する。

3　宗教的作用について批判的検討

シェーラーの功績は「宗教的作用」の法則性を明らかにしたことにある。現象学は意識の経験の学である。問題は宗教の経験においていかなる事態が生じているかということである。彼はこの事態を「神に向かう霊的志向」によって捉え、既述のようにそこに三幕物のドラマが展開していると説いた。そしてここから宗教的作用の三つの法則性を取り出したのである。三つの法則性はいずれも宗教の本質要素を的確に捉えており、「志向の世界超越性」と「ただ〈神的なるもの〉によってのみ満たされ得る」および「自己自身を開示し人間に自己を捧げる神的性格の存在者を受け入れること（神的なるものの自然的な啓示）によってのみ満たされる」という内容は、人格的宗教の伝統から把握される。しかし、非人格的な宗教や自然宗教においては、さらに神を認めない宗教においては、別の法則性が妥当しているといえよう。

次に人間学的区分法については、精神と身体というもっとも古い人間学の二区分法に対して、シェーラーはパスカルの「三つの秩序」にしたがって「精神（理性、心）」・「悟性」・「身体」の三区分法を採用した。そしてこの宗教的作用は「精神」に属すると説いた。ところで宗教的な人間は「その心のうちに神が住まい働いている」と言われるとき、それは「精神的人間」を意味するであろうか、むしろ「霊的人間」ではなかろうかという疑問が湧いてくる。それゆえ、ここで「精神」と訳されているドイツ語のGeistの意味が検討されなければならない。たとえばGott als Geistと彼が語っている場合、それはGott ist Geist（ヨハネ四・二四）からきており、これを「精神」と訳すことは問題となろう。聖書的なプネウマ（πνευμα）はラテン語ではspiritusと訳され、日本語では一般に「霊」「霊性」という訳語が与えられ、「神は霊である」と訳される。ところで、キリスト教思想史の伝統では「霊」の理解は哲学的意味と神学的意味との二重の意味で使われる。そして哲学的意味は霊・魂・身体からなる本性的三区分によって示され、神学的意味は霊と肉からなる実存的二区分によって示されている。この二重の意味の明瞭な区別はルター以来説かれてきたが、シェーラーでは明確には自覚されていないため、哲学的意味と宗教的意味との概念上の混乱が生じた。一例を先のドラマの第二幕と第三幕で語られたことばで示すと、精神が自己の「言語を絶した脆弱性、虚弱性、不安定性」のさ中で永遠者の「尊厳と崇高性」を生き生きと感じるとき、「神は霊（精神）であるという宗教的認識がおこなわれる」と言われる。

　ここには人間精神の永遠者との断絶と神の恩恵による救済とが与えられることによって「神は霊である」という宗教的認識が得られると説かれる。この場合「霊」は、パウロのコリント人への第一の手紙（一二―一三章）が説いているように、同時に神の救いの心である「愛」を表わしている。ところがこれに続く文章では人間と神との関係が有限な理性と無限な理性との関係とみなされ、理性は哲学的区分法の「精神」と同義語になっている。宗教と哲学との本質的区別が単に対象志向の相違に求められているにすぎず、宗教の中に形而上学が密輸入され、その前提となっていたことが先に指摘された。同じことがここでも生じており、宗教的な概念である「霊」

が無意識のうちに「精神」と「理性」に移行している。

4　悔恨の現象学

宗教ではイエスの言葉に「悔い改めて、福音を信じなさい」（マルコ一・一五）とあるように、悔恨が重要なテーマとなっている。ヨーロッパにおける悔恨もしくは悔い改めの解釈史では中世における「悔い改め」の体系がとりわけ重要な意義もち、それを批判した宗教改革でも悔恨が実に中心的な概念となった。ところが近代ではスピノザやカント、キルケゴールやドストエフスキーなどに注目すべき解釈が見られる。(10)シェーラーは『人間における永遠なもの』所収の「悔恨と新生」という論文の冒頭において良心が罪責によって悔恨を生じさせている現象の中に聖なる裁き人がその姿を現すと言う。良心の特徴はその活動とともに「元来目に見えない秩序やこの秩序を支持する精神的＝人格的主体との有意義な関わり合い」が示されてくることである。(11)この良心概念はルターでは「霊性」を理解する上で重要な意義をもっており、その姉妹概念ともなった。このことはシェーラーでも同じであって、良心活動の中でもとくに過去の生活を裁く「悔恨」が考察の対象となった。彼はスピノザからカントを経てニーチェに至る近代哲学がこの悔恨という現象を単なる「心の不調和」もしくは「心のバラスト」や「自己錯覚」として誤解するようになったと言い、この誤謬を批判し、悔恨は道徳的には「精神の自己救済の形式」であり、精神の喪失した力を取り戻す「唯一の方途」であって、宗教的には神に帰還するための「自然的作用」であると説いた(12)。

近現代の哲学が悔恨の本質を見誤ったのは人間の精神構造に対する誤った考えに発する。そこには悔恨などというものは過ぎ去ったことを復元したいという無意味な試みであると考えられ、過去というものは水の流れのように先に流れていくのであって、そのままにすればよいと見なされた。ところがシェーラーはそこに自然現象とは異なる生命体に独自な時間の広がりがあって、過去・現在・未来は「わたしたちの生命と人格と全体構造および全体理念がともにわたしたちに現われる」ばかりか、この生命の全体的意味のうちに導き入れられることによって過去の生活はその意味内容と価値内容が変更可能となると説いた(13)。このことは次の図表のように観測できる時間の長さをV—Zで示し、その全系列をRとし、その中での体験をa、b、c、d、e、f、gで示すと、生命のない自然においては体験の各々は先行する体験によって一義的に限定されず、むしろ最後の体験gは原理的に全系列Rによって限定され、各々の体験a，b、c、d、e、fもgに作用している。これを図解すると次のようになる。

過去　a, b, c, d, e, f, g・・・　未来

したがってgの体験は先行する状態fの中に入る必要はない。ところで或る体験が生命連関の内において完全に作用するときには、充分な意味と価値とを発揮することなしには未完成にとどまり、過去の体験もその意味をすべて実現することなしには、未完成で曖昧なままである。こうして臨終に至るまでわたしたちの過去は常に問題として残ることになる。実際、客観的時間のほうは過去となることによって流れ去るが、生命現象の内容はわたしたちの時間内容に入れられ、人格の支配下に従属させられる。したがって、わたしちは過去の時間内容がわたしたちの現在の生に加える作用に対して何らかの力を及ぼすことができる。これこそ「歴史的事態」の本質をなしており、「歴史的事態は完成したものではなく、いわば救済可能なものである」[14]と言われる。

こうして一般には「変更できないもの」と考えられている事態を悔恨が変更し、精神的な若返りをもたらす点が指摘される。悔恨は「新しい目標に向けてわたしの生命の全体性の中に置き入れる」と言われる[15]。また一切を運命と見て、悔恨の不条理を説く人に対して「だが後悔することのできない人こそ自由をもたないものだ」との主張の正当性が認められる。

次に再生に必要な悔恨の心構えが提示され、悔恨は「真実」をもってわたしたちの過去へと入りこみ、過去を真実の光でもって照らし、内に潜んでいる悪の繁殖力を罪過の重圧から根絶する。これこそ「真実の手術」であって悔恨そのものに内在する道徳的再生力なのであると説かれた。[16]

さらに宗教の恩恵説は古い罪責を負った自己の認識ばかりでなく、この罪責を恩恵によって破棄し、心情の新生をもたらす。こうした新生に至るためには個別的な行為に囚われた行為的悔恨から人格の存在そのものを問題視する「存在的悔恨」に高まり、認識した罪をその根源において捉えて初めて、「完全な心胸の粉砕」に到達し、そこから悔恨の再生力によって新しい心胸を創造してゆかなければならない。これが「回心的悔恨」であって、そこでは「より深遠な心情の変化による新たなよい意図を心に抱き、ついに真実の心情の変革、それどころか〈再生〉に至るのである[17]」。この点についてシェーラーは次のように言う。

悔恨（Reue）は目に涙を浮かべて過去を振り返ってみるのであるが、しかし道徳的な死からの更新（Erneuerung）や解放（Befreiung）を求めて将来を志して喜ばしくかつ力強く（freudig und mächtig）努力するということは、悔恨の大きなパラドックスである。[18]

それゆえ「悔恨は道徳的世界の強力な自己再生力であって、道徳的世界の不断の死を阻むものである」。そのさい自己の過去の罪責を事実ありのままに見て悔むことのない人は、返って罪責の力に屈服してしまい、生きる力を喪失することになる。ここに悔恨の再生力のみでなく、大きな逆説があるといえよう。このことを初めて明らかにしたシェーラーの宗教的洞察をわたしたちは高く評価すべきである。この点はドイツ敬虔主義がかつて強調した「再生の神学」にも表明さていたが、悔恨の再生力についてはルターやキルケゴールも力説したことが想起される。今日、再生への望みを失って、悔恨のうちに絶望と自死へと駆り立てられる人たちには、この悔恨の再生力を認識してもらいたいものである。

5　良心の現象学

シェーラー自身はまとまった形での良心論を残さなかったが、たとえば前述の悔恨論は同時に良心論でもあった。なぜなら悔恨は罪責を負っている「やましい良心」のわざに他ならないからである。彼によると良心は実行された行為を反省する機能であって、「意欲された行為の意識に耳を傾ける繊細な理解力」である。だが良心が起こってくる経過を現象学的に考察すると、それは「敏感な、感じやすく敏捷なもの」であるが、普遍的な道徳的判断を個々の主観の意識に適用し、審判する、「最終上告の法廷」である。それゆえ良心は「個体妥当的であると同時に客観的であり、原理的に洞察的な善」であると規定される。(19) このように良心の本質は「個別的であってそれ自体善なるもの」への志向に求められるが、近代の哲学においては一般に主観的な道徳的価値判断にもとづいて良心が捉えられ、「良心の自由の原理」が支持されるようになった。シェーラーはこの点を批判しながら、彼の良心論を展開する。

シェーラーはまず、もし良心が「わたしにとっての善」への志向であり、道徳的価値の洞察であるとするならば、各人の良心が道徳的判断の絶対的で最終的な法廷となり、良心の自由のゆえに道徳的に無政府状態が帰結すると詳論する。しかし、わたしたちが良心の現象に注目するならば、良心が行為の後から他者の批判や非難によって喚起され、その本質において積極的な道徳的意識ではなく、むしろ否定的な反省の意識であることが知られる。つまり良心は何らかの道徳的な善を洞察し、わたしたちに告げる実践理性の作用ではなく、為された行為に対する審判の意識である。それゆえ良心は道徳的価値の担い手であっても、道徳の最終的源泉ではないことになる。というのも良心の根源的な現象は「やましい良心」(das böse Gewissen) として感得されており、「やましくない良心」(das gute Gewissen) は派生的な第二次的現象であると言えるからである。この点に関して彼は次のように言明する。

それゆえ「やましい良心」(schlechtes Gewissen) は、また「やましくない良心」(gutes Gewissen) よりも決定的にいっそう積極的な現象である。やましくない良心は道徳的に問題にされている特定の態度にとって本来「やましい良心」の欠如体験 (das erlebte Fehlen)、また欠乏体験 (die erlebte Mangel) にすぎない。意志決定の前でも、また人が自分の良心と相談するとき、良心は勧めたり命じたりする (empfiehlt oder gebietet) よりも、より多く「警告し」(warnt)、「禁止する」(verbietet)。それゆえ良心は根源的に積極的な洞察 (positive Einsicht) を与える機能 (Funktion) ではなく、批判的な、一部は警告的な、一部は裁く機能である。(20)

こうした良心の作用は、現実には道徳的洞察のために寄与しており、道徳的価値を担っていることは事実である。ところで中世を通して良心が「神の声」として解釈されるという経路を経て、最高裁のような「最終上告の法廷」という性格をもつようになり、ここから初めて近代的な良心の解釈が起こってきた。そこには神の前に立つ良心の宗教的な意味が失われ、「わたしの」良心の声を絶対的なものとみなし、道徳的主観性が個々人の良心の自由によって要求されるようになった。だが、今日では主体的な「良心の自由の原理」を主張するあまり、道徳的な無政府状態に陥っている。

しかし真の良心の自由は、各人の良心の内に求められうる客観的な道徳的価値の普遍性に耳を傾け、個々人の有する恣意的で主観的な良心の声に拘束されないという自由に他ならない。このような場合のみ客観的で普遍的な道徳的価値を自己の内に個別化しても、恣意的な主観性に転落しない客観性に到達し、「個別的であって、それ自体善なるもの」への志向としての良心の本質が十全に発揮されるであろう。良心がもっているこのような二重の意味はシェーラーによって次のように説かれる。「良心の正当な意味はまさに次のような意味である。（1）良心はただ道徳的洞察の個別的な効率のよい適応の形式であり、（2）〈わたしにとって〉それ自体善なるものに向けられるかぎりでの、そしてその限界における道徳的洞察であるにすぎない、という意味である」(21)。ここに客観的に善であるものが良心において主体化されて把握されている事実が明瞭になった(22)。

終わりにシェーラーと実存主義者のサルトルを比較してみよう。サルトルは戯曲『蝿』の中で、ブンブンうなりながらたかってくる〔ギリシア神話の復讐神〕エリーニュエスの復讐の霊を「後悔の女神」と解釈し、ジュピテルはオレストに和解のため「ほんの少しの悔恨」を要求する。オレストはこれを拒絶し、「暗殺者の中でもっとも卑劣な奴は、それは後悔する奴だ」と語る。というのも悔いは人間を不自由にし、神々への隷属に至らせるからである。無神論的な実存主義者サルトルにとって神は人間がその自由に達するのに障害になっている。シェーラーとサルトルを比較すると、前者は人間が神の力によって過去の罪責を断ち切って自由を得るというように宗教的な良心の解釈をしているのに対し、後者は神が人間の自由のためには積極的に否定されるべきであると無神論的に良心を解釈していることが判明する。宗教についての世界観的対立が悔恨および良心の解釈の激しい対立をここに引き起こしている。

註

（1）G.W. 2. 270.『倫理学』第二巻、一七六頁。
（2）G.W. 10. 384.『現象学と認識論』二九九頁。
（3）G.W. 5, 157.『人間における永遠なもの』（下）一〇五頁。
（4）この点に関してはヒュームの『自然的宗教についての対話』服釜忠恕・齊藤繁雄訳、法政大学出版局、一九七五年、一四一―一四二頁を参照。
（5）G.W. 5, 244-248.『人間における永遠なもの』（下）二五一―二五二頁。
（6）G.W. 5, 263. 前掲訳書、二八一頁。

（7）　これはアウグスティヌスによって原罪がもたらした致命的な欠陥として説かれたものである。詳しくは金子晴勇『アウグスティヌスの恩恵論』知泉書館、二〇〇六年、三〇頁参照。
（8）　G.W. 5, 183-184. 前掲訳書、一五〇―一五一頁。
（9）　G.W. 5, 248.『人間における永遠なもの』（下）二五一―二五七頁。
（10）　これに関しては金子晴勇『恥と良心』第三章第二節「悔恨概念の解釈上の対立」教文館、一九八五年、八七―九六頁参照。
（11）　G.W. 5, 29.『人間における永遠なもの』（上）四三頁。
（12）　G.W. 5, 33. 前掲訳書、五〇頁。
（13）　G.W. 5, 33. 前掲訳書、五一頁。
（14）　G.W. 5, 34. 前掲訳書、五二頁。
（15）　G.W. 5, 35. 前掲訳書、五四頁。
（16）　G.W. 5, 37-41. 前掲訳書、五七―六四頁。
（17）　G.W. 5, 42. 前掲訳書、六五頁。
（18）　G.W. 5, 49-50. 前掲訳書、七七―七九頁。
（19）　G.W. 2, 203; 210.『倫理学』第二巻、六五―七五頁、G.W. 2, 499,『倫理学』第三巻、二一五頁。
（20）　G.W. 2, 305.『倫理学』第二巻、二五六頁。
（21）　G.W. 2, 327. 前掲訳書、二五九頁。
（22）　それゆえこう言われる、「善への、その善が〈わたしにとっての善〉であるかぎり、わたしの〈自分の生活経験から〉発生する洞察の沈殿が良心の本質をなしている」（G.W. 2, 327, 前掲訳書、二五九頁）と。

第X章　現象学的人間学の確立

はじめに

近代においてもすでにカントやメーヌ・ド・ビランによって人間学が提唱されていたが、現代の人間学はシェーラーの『宇宙における人間の地位』（以下『人間の地位』と略称する）が出版された一九二八年に誕生した。この時代はドイツにおける実存哲学の成立時と重なっており、実存哲学が時代を支配する世界観として君臨していったため、人間学は第二次世界大戦後になって実存哲学が衰微しはじめてから初めて注目されるようになった。だが両者の間には哲学の根本思想に関して相違があるという事実が認められる。というのも実存哲学が近代の主観性を実存の観点から変革し、深化させたのに対し、シェーラーに始まる人間学は近代の主観性を批判的に超克することを目指して、現代の諸科学の成果を受容しながら人間を他者との生ける交流によって捉え直そうとしたからである。彼は晩年になってから人間学の全体像をコンパクトにまとめようとしたため、それまでの学問的な成果を十分に組み入れることができず、内容的には残念ながら未完成のままになってしまった。ここではその核心に当たる点だけを取り上げてみたい。

1　新しい人間学の確立

彼は『人間の地位』に先立ってすでに「人間と歴史」という論文で現代における人間がそれ自身において問題化している点を次のように指摘していた。

現代ほど人間の本質と起源（Wesen und Ursprung）に関する見解が曖昧で多様であった時代はない。……およそ一万年の歴史を通して人間がみずからにとって余すところなく完全に「問題的」（problematisch）となり、人間とは何かを知らず、しかも自分がそれを知らないということを知っている最初の時代である。したがって〔人間とは何かに関する〕確固たる認識を再び獲得しようとするならば、ひとたび（einmal）この問題に関する一切の伝統を完全に白紙（tabula rasa）に戻す意向をかため、人間という名の存在者から極端な方法論上の距離をとって（in äusserster methodischer Entfremdung）これを驚嘆しながら注視するようにするほか方法はない[1]。

このようにシェーラーが語っているように、彼はその後も「人間とは何か、宇宙におけるその地位は何か」と一貫して問い、人間の存在が個別科学的な解明では汲み尽くされず、人間に関する認識も科学的に基礎づけられないことを指摘し、哲学的な人間学の必要を説いてきた。その人間学の大系を晩年になってから彼は『人間の地位』で初めて簡潔にまとめ上げた。そのさい彼は一九二二年を境にこれまで彼の思想上の基本的立場であったカトリック教会から決定的に別れ、それまでも潜在していた汎神論（Pantheismus）、もしくは万有在神論（Panentheismus）へと傾斜していった。

さらに彼は先の論文で人間はこのような自己についての認識の欠如に気づくようになった、と語り、問題化した人間について考察しはじめるに当たり、人間の自己認識の歴史、つまりその自覚史を辿り、「神秘的・神学的・宗教的・哲学的人間論」によって紛糾している事態からまったく自由になって、あくまでも具体的な人間の現象を考察すべきであると説いた。

そこでシェーラーは人間そのものの姿を直視しかつ再考するために、無数の理論によって塗り立てられ着色された人間のイメージのすべてを白紙に還元し、厚いヴェールによって蔽われた仮面を剥ぎとり、人間と呼ばれる実在の素顔を素直に視ることをはじめた。これは彼による現象学的還元の大規模な学問的な試みであったといえよう。こうして諸々の学問を人間学に還元するだけでなく、人間に関する科学的な成果をも盛り込んで新しい人間学を確立するに至った。したがって彼は「もっとも広汎な基盤の上に立つ哲学的人間学の新しい試み」を企図し、人間の本質を植物や動物との比較考察という生物学的な解明と人間の特殊地位の形而上学的な解明という、二つの方法によって人間学を確立しようとした。前者が『人間の地位』の前半の試みであり、後者がその後半の内容となっている。

彼は当時の新しい生物学的な成果にもとづいて人間の特殊的な地位を考察した。たとえばユクスキュールの環境理論、ケーラーによるチンパンジーの知能実験、パブロフの条件反射説などを採用することによって心的諸機能を段階的に分けて考察した。こうして心的機能の五段階説が提示された。その内容は、①感受衝迫、②本能、③連合的記憶、④実践的知能、⑤精神の五段階から構成された。この点に彼の人間学の最初の特質が示される。こうして人間の特殊地位は、植物および動物と生物学的な比較考察によって確定された。その場合「心的諸能力の段階系列」の最下位に置かれた「感受衝迫」（Gefühlsdrang）に植物が位置付けられ、動物には「本能」

(Instinkt)・「記憶連合」(sociatives Gedächtnis)・「知能」(Intelligenz)が帰せられた。だが人間は動物的な生命の流れと衝動に対抗して「否」ということができる「精神」をもっている。したがって最初の四段階と第五段階の精神とが区別され、人間の全体を「生命」と「精神」とに分ける心的生命の二元論であると批判されるようになった。(2)

この精神としての人間の特質は、動物との比較考察により、世界に対する態度の相違として示された。これが有名となった「世界開放性」(welfrei, Weltoffenheit)である。(3) なお彼はこの著作の終わりでは人間学をも形而上学から基礎づけようと試みた。こうした傾向は、ヨーロッパ精神史における彼の位置を明確に規定することになった。つまり彼は人間科学の成果を積極的に受容したが、それは自我を中心とする心的領域に制限され、精神の領域においては伝統的な形而上学に依存するにとどまった。こうした中途半端な人間学はその後の人間学の展開によって厳しく批判された。(4)

シェーラーの時代にはとくに生物学が大きく発展した。同時に第一次世界大戦後のドイツの荒廃も従来のキリスト教的世界観を根底から覆すほどの勢いをもって押し寄せてきた。(5) このような時代の困難な課題を克服するために彼自身は人間の全体を再考したのであって、「生命」と「精神」二元論と言われる思想も、何かそのような二元論的な意図にもとづいて立てたのではなく、どこまでも生命形而上学の観点から統一的に解明し、新しい人間学を確立しようと試みた。この点は無視されてはならないように思われる。

2　世界開放性

シェーラーは『人間の地位』で動物が環境世界に拘束されているのに対し、人間は世界に開かれた存在であって、ここから宇宙における人間の高い地位を説き明かした。これが有名となった「世界開放性」の学説である。彼は次のように語る。

そうした行動の形式は、「世界開放性」、すなわち環境世界の桎梏（Umweltbann）からの原理的な脱却（Abschütteluug）という形式である。図で示せは次のとおりである。

人間↓↑世界↓↓……

こうした行動は、いったん体制的に（konstitutionell）確立すると、その本性上、現存している諸事象の「世界」が及ぶかぎり無制限に拡張しうるのである。人間とは、無制限に世界開放的に行動しうるXである（Der Mensch ist das X, das sich in unbegrenzten Masse weltoffen verhalten kann.）。人間となるとは、精神の力によって世界開放性へと高まることである（Menschwerdung ist Erhebung zur Weltoffenheit kraft des Geistes.）(6)。

『人間の地位』に展開するシェーラーの人間学の最大の特質はこの「世界開放性」に求めることができる。彼は当時の新しい生物学の成果にもとづいて宇宙における人間の特殊的な地位を考察した。たとえばユクスキュル、ヴォルフガング・ケーラー、パヴロフの成果を採り入れた。こうして心的諸機能を既述のように五段階的に分けて考察した。

人間の特殊地位は植物や動物と比較考察によって確定された。そのさい動物には「本能」・「記憶連合」・「知能」が帰せられた。ところでケーラーがチンパンジーの知能実験を発表して以来、本能的反射作用を越えた知能作用が動物に認められるか否かについて議論が沸騰した。もし動物に実践的知能が認められるとすれば、そのことは人間の本質を規定しようとする哲学的人間学にとって決定的に重要な問いを惹き起こした。すなわち人間と動物との間には「程度にすぎない区別」しかないのか。人間は進化した動物よりも優るものではないのか。そこには本質的区別がないのか。この問いに対しシェーラーは技術的知能をもってしては本質的な区別は答えられないと考えて、「賢いチンパンジーと、技術家としてだけ見られたエディソンとの間には、たとえどんなに大きな相違があろうと、程度の相違があるにすぎない(7)」と回答した。しかし人間にはチンパンジーには欠けているものがある。それは人間も動物もともに属している生命の流れそのものに由来しないものであって、生命の流れと衝動に対抗して「否」と言うことができる「精神」なのである。したがって、この「精神」は「生命」に対立するものとして立てられた。これによって宇宙における「人間の特殊地位」は明確に定められたのである。

このように精神としての人間の特質は、動物との比較考察によって世界に対する態度の相違として示された。動物が環境をもち、本能によってその中に組み込まれているのに対し、人間は環境を越えて世界に対して開かれており、世界に向かって距離を保ちながらそれを「対象」として捉えることができる。こうして動物が自分の欲求に抵抗できないのに対して、人間はもろもろの欲求物をも対象として立て、これに対し距離を置いて自由に関わることができる。動物は環境に埋没して行動し、同様に「光」に向かって忘我的である植物とは違って、意識はもっていても、自己に対する意識をもっていない。これに対して人間は自己意識のみならず、自己の身体的・心的性質をも対象的に把握することができる。それゆえ人間は世界を超越したところに自己の作用中枢をもち、一切の行動に作用統一を与えることができる。この中枢は有機体と環境との対立を超えており、「人格」（Person）と呼ばれる。これが先述の世界開放性の主張である。(8)

このような人格の主張は、彼の中期の思想において形成された人格主義の表明である。それはまた精神自体が物のように対象的には捉えられない存在であり、精神は「純然たる作用性」であって、自己の存在をただこの作用の遂行において表現する。このような精神の中心こそ人格であり、「〈人格〉は対象的存在でも事物的存在でもなく、絶えず自己自身を遂行している諸作用の構造秩序にほかならない(9)」と説かれた。

こうした精神の本質として「理念化作用」（Akt der Ideierung）が立てられ、動物の「実践的知能」（die praktische Intelligenz）との相違が示される。たとえば「痛み」を人が感じると、どうしてそれが生じたのか、どうしたらそれを除去できるかと問う。このような痛みに対して医学が実践的に関わる。ところで人間はこのような痛みという事態を単に感じ、それに関わるだけではなく、それを「理念化」することができる。わたしは痛みを感じると、それを傷つけられた事態の一例として捉え、同時に「痛み」そのものをも普遍的な概念として把握することができる。

このことはシェーラーによると仏陀の「回心物語」にその典型的事例を見ることができる。父の宮殿で何不自由なく育った王子シッダルタは、町に四度出ていってそれぞれ出会った一人の老人・一人の重病人・一人の死者・一人の苦行者に接して「生老病死」の真理を一挙に会得する。これはこの理念化の作用による。彼は世界と人間のあり方を「苦」とみなし、すべての苦の根源を欲望にあると捉え、この欲望という生の衝動に対し「否」を語り得るところに人間の精神としての本質を理解した。シェーラーも衝動に対してこのように「否」を言うことができる点に動物と本質的に相違している人間の姿を捉え、「人間は〈否を言いうる存在〉、〈生の禁欲者〉単なる現実性のすべてに対する永遠の抗議者である」(10)と言う。

これと同じことをいっそう明瞭に説いたのがプレスナーの「脱中心性」であって、動物が周囲世界とその「中心」をもっているのに対し、人間は「中心」から出てそれを超えた地点から自己を捉えることができる。この脱中心性にはその終局において無限なる神から自己を捉えることができるのが人間の特性となっているばかりか、それに背いて自己中心的となる罪に陥る事態も示される。この脱中心性は精神の規定でもあるが、現代の無神論的な人間学はゲーレンの人間生物学のように精神をも単なる動物的な知能にすぎないものと考える。しかし人間の脳細胞の発達は動物的な知能を遙かに超える高度なものである。(11)さらに世界開放性と神の像の関連がヘルダーの人間学を通して考察され、人間は自分と世界との間でもつ経験、つまり他者との交わりを通して自己を形成する存在であることが説かれた。(12)

3　精神と生命の二元論

シェーラーの人間学は精神と生命の二元論に陥っていると批判されてきた。しかし彼は精神と生命が相互に依存している点を力説している。この点を彼は明瞭に次のように強調さえしている。

「生命」（Leben）と「精神」（Geist）とがどんなに本質的に相違しているにしても、それぞれなお両原理は人間において相互に依存しあっている。精神は生を理念化する（der Geist ideiert das Leben）。――けれども、もっとも単純な作用活動（Aktregung）から、精神的な意味内容をそれに帰する仕事の能力（Leistung eines Werkes）まで、精神を活動させ実現することは、ひとり生命だけがなしうる(13)」。

このように彼は生命と精神の生ける関連をむしろ説いているとみなすべきである。たとえば『人間の地位』の後半では精神と衝動との対立を「昇華」の過程として捉える哲学的人間学を提示する。プレスナーが言うようにシェーラーはフロイトの昇華の学説に魅せられているとしか考えられないとしても、[14] フロイト学説のもっとも魅力的な昇華の学説を彼自身はフロイトをも批判しながらも導入して、新しい人間学を確立したのである。この新しい人間学の特質はデカルト的心身二元論に対する批判にも見られる。

近代における人間に関する古典的理論の代表者はデカルトであり、彼はあらゆる実体を思惟と延長とに分け、人間のみがこの二つの実体の交互作用のもとにあると説いた。この心身二元論の結果、あらゆる植物と動物とから心的本能が剥奪され、心的本性のように見えるものを人間の生命感情から擬人的な感情移入したものによって説明し、人間の意識や思惟でない一切のものを純粋に機械的に捉えるようになった。こうして人間の「特殊地位」は全く不合理にもつり上げられ、自然から人間が引き離されてしまった。彼は理性を世界の外に立て、精神の新しい自律と主権、生命に対する精神の卓越性を説くようになった。この学説は永らく支持されてきたが、シェーラーはそれを批判し、それと絶縁する試みは最近になってやっと始まった、と言う。

このようなシェーラーのデカルト批判は次の二点に集中している。（1）デカルトが心身の接点とみなした「松果腺」という場所的に限定された霊魂実体はどこにも存在しない。つまりすべての知覚神経繊維が合流しながら神経過程が出会う中枢は人間の身体のどこにもない。（2）デカルトの心身二元論が設定した裂け目は生命の統一を塞いでいる。[15] ところでパブロフの実験が示すように、一定の刺激によって胃液の分泌が生じる事態は衝動的・情念的生の全体を霊魂から閉めだすデカルトにとっては驚異にほかならない。動物における食欲衝動は食物の知覚が生じる条件であるのに、彼は心的側面での衝動を動物から排除する。さらに食欲に対応する胃液分泌が生命機能の統一的現象として起こっているのに、デカルトは食物が胃に触れるとき純粋化学的に生じる現象とみなした。

このようにデカルトの心身二元論を批判したシェーラーは、人間において身体と霊魂、物体と霊魂、脳と霊魂の二元的な対立といったものが現実にはなく、身体と霊魂の問題という何百年にわたって人々を苦しめてきた事柄は今日形而上学上の地位を失ったと断定し、人間のうちに現に存在し、個人的にも体験している対立は、上記の引用文のように「精神と生命」の対立をはるかに超えた生命の深遠な次元に属すると主張した。このようなシェーラーの学説はヘーゲルとよく似ている。なぜならシェーラーの主張を命題としてまとめれば「精神は生命を理念化し、生命は理念化されて精神となる」となって、ヘーゲルの『法の哲学』序文にある有名な命題「理性的なものは現実的であり、現実的なものは理性的である」と同一の内容となるからである。このヘーゲルの命題に対する誤解と同じ誤解がシェーラーを襲っているといえよう。

シェーラーの時代には既述のように、生物学が大きく発展した。同時に第一次世界大戦後のドイツの荒廃も従来のキリスト教的世界観を根底から覆すほどの経験となって押し寄せてきた。この時期にシェーラーはキリスト教の神観をもってしてはドイツの再建が不可能であるとの無力感に襲われていた。ここに「生命」と「精神」とを彼が二元的に対立させた理由がある。彼は生命と精神との二元論を生命形而上学の観点から統一的に解明し、新しい人間学を確立しようと試みたといえよう。ゲーレンは伝統となっている心身問題では中立の立場をとり、行動科学的方法を採用しているが、そうすることによって人間のすべてが衝動から解明されることにはならない。

ところで、シェーラーの時代よりも生物学がいっそう発展して「生命」の要素が科学的に大いに解明されるに及んで、ゲーレンは人間学を今や人間生物学として再建した。このことはボルグやポルトマンの新しい生物学の成果に負うところが大きかった。この時代にはキリスト教の世俗化が進行し、その最終段階である生物学的自然主義が世界観として猛威をふるって支配するようになった。ヘーゲルによってキリスト教の「救済史」（Heilsgeschichte）は「普遍史」へ移行し、世俗化の過程が進行し、知識人たちは救済を哲学と諸々の学問に求めた。ところが学問は信仰の対象ではないから、その正体は偶像として暴かれその地位を失う運命にあった。(16)

4　知識社会学における知識の三形態

シェーラーは知識社会学の創始者であって、その中でも最高のテーマは知識形態の起源についての問いであり、それが社会集団との関連から解明されて、三つの知識の形式が採用される。第一の形態は「宗教的救済知」であり、第二の形態は「形而上学的知」であり、第三の形態は「権力と支配知」である。シェーラーはこの三つの知識の形態がさまざまな観点の相違があってもやがて一つに収斂される傾向を予感していた。彼は死後出版された『哲学的世界観』の中で次のように言う。

来るべき世界時代の調和（Ausgleichs des kommenden Weltzeitalters）の究極の最高の対象、すなわち神・世界・人間に関する形而上学的な諸理念そのものの間の内容的調和に関しては、わたしはここでは沈黙することにしよう。しかしそれでもなお思い切って主張させてもらうとすれば、このような最高の対象領域においてさえも、あらゆる民族の思想家の精神的エリートの間で基本的見解がほとんど奇異なほどの収斂（fast seltsame Konvergenz）に至っているのが観察される。ここでも大規模な調和が――今までのところ、ごくわずかな人びとにしか知られていないにしても――全速力で進行しつつある。[17]

そこでまず知識の三形態について説明しておきたい。

（1）　宗教的救済知　「救済知」（Erlösungswissen,Heilswissen）は自己の存在・運命・安心を救済しようとする止みがたい衝動に発し、「それは第一義的には集団全体の衝動であり、第二義的にやっと個別的人格の衝動でもある」[18]。これは神聖にして最高なる善であり、同時に万物の存在根拠であるものとの知的な結合を求めている。宗教的な知的な探求の根源はここにある。

（2）　形而上学的知　精神的な志向的感情である「驚き」（タウマッゼイン）によって基底づけられた知識、つまり哲学と形而上学の知識は、対象が理念や本質性の範例や代現（Representant）として把握されるという制約のもとに生じる。ここでは対象の現実存在ではなく、対象が理念を代現し、直接第一原因と関係していることが本質的に重要である。[19]この知識形態は『哲学的世界観』では「本質知」（Wesenswissen）また「教養知」（Bildungswissen）とも呼ばれる。本質知は物の本質直観によって得られる知識で、「存在するものすべての存在様式と本質構造の知識」であると規定される。[20] こうした本質知に至るためには全人格の陶冶である「教養」が不可欠であるため、それは「教養知」とも呼ばれる。

（3） 権力・支配知　「支配知」（Herrschaftswissen）は「自然経過、人間、社会の成り行き、ならびに心的・有機的過程の経過を支配し、そのために諸現象を予知せんとする権力・支配の性向」から生じる。これは技術や魔術のように自由に力を操作しようとする欲動に発する。これは動物にもその萌芽がみられるような「実践的・技術的知能」によって得られる知である。それゆえ実証的学問研究を導いている究極の根拠は、合理主義とカントの「純粋理性」でも、経験論者の「感覚的経験」でもなく、「徹頭徹尾生物学的な支配および権力への欲動」である。[21] また『哲学的世界観』では支配知は「わたしたちが自然・社会・歴史を支配するのに役立つもの、専門的な実証科学の知識である」と規定され、世界支配の可能性は法則による予見にもとづくため、予見できるものしか支配できない点が指摘される。[22] さらにシェーラーの著書『認識と労働』（Erkenntnis und Arbeit）で指摘されているように、支配知は人間が環境を自己の目的に合わせて形成していくための技術として有用ではあるが、プラグマティズムはこの有用価値しか認めず、知識の真理性を生命に対する有用性と同一視し、すべての知識を行為に結びつけながら世界を変化させることに関連づけ、その他の知識形態を認めない点に根本的誤謬がある。シェーラーはまたニーチェの「権力への意志」という思想を援用し、実証科学が自然を自己の目的遂行の場と考える人たちの根底には権力への意志が働いている点を暴露した。権力意志は中世においては人間に対する支配に現われ、自然に対しては観念的に秩序づけていたにすぎないが、近代の権力衝動は自然を支配し、それを自己に役立つ財に変えることに集中する。したがって彼は近代科学の没価値性という神話を解体し、そのイデオロギー的性格を暴露したといえよう。[23]

このようなシェーラーが説く知識の三形態理論は、もともとコントやスペンサーの実証主義に対する批判から主張されるようになった。彼らは宗教と形而上学を科学的知識に至る知的発展の先行段階としてしか捉えることができなかった。シェーラーによると実証主義の真実の姿は、西欧における後期産業主義の特殊西欧的なイデオロギーにすぎず、単に上述の知識の第三形態を承認しただけであった。しかも彼らはこの種の知識が権力意志という生物学的根底にもとづいていることを洞察できなかった。さらに三つの知識形態は相互に代替不可能であり、宗教と形而上学こそホモ・サピエンスとしての人間に固有な知の独占的形態であることに彼らは気づかなかった。

ところでシェーラー最晩年の『哲学的世界観』（一九二八年）に至ると、彼はカトリック教会から離れて形而上学に傾斜していったため、基礎的な知識の種類は、「支配と達成の知識」（科学技術）・「本質および文化の知識」（哲学）・「形而上学的実在もしくは救済の知識」に分類された。[24]この変化は知識社会学の構成自体を変えているばかりか、哲学・形而上学・宗教の意味をも根本から変えることになった。

知識の三形態についての分類は元来コントの「三段階法則」に対する批判に発している。この法則は社会秩序の再形成が科学による知性の改革によらねばならないところから考えられ、知的進歩についての神学的・形而上学的・実証的な発展段階の最終段階において真に予見を可能にする科学的知識に到達すると説かれた。これに対しシェーラーは知識形態を三つに分類する点では同意するが、知識の三段階的発展に対して批判し、三つの知識形態は歴史の三段階に対応するのではなく、実在の三つの側面に対応する各々独立した知識の様態を表わすと主張した。もしも知識の一形態だけを認めて他をそれに吸収させるとしたら、知識の貧困化と一元化をきたすことになるし、一元化された知識は世界観として強力であるため、一面的な思想・感情・価値評価によって人類に大きな不幸をもたらしかねない。とりわけ「支配知」しか認めない科学的実証主義の一面性とイデオロギー的性格とを暴露した点で、彼の批判は今日においても注目に値する。同時に哲学的知識と宗教的知識との自律性と独自性とを強調している点でも優れた貢献が認められる。さらに彼は三つの知識は単に独立しているのみならず、それらが相互補完的に調和のとれた統合に至るべきであると説いた。とりわけ『調和の世代における人間』においてこの点が力説された。事実、こうした知識の調和によって初めて彼の哲学的人間学の全構成と核心が与えられるといえよう[25]。

註

（1）G.W. 11, 120.『人間と歴史』亀井裕・安西和博訳、一二八―一二九頁。
（2）詳細は金子晴勇『現代ヨーロッパの人間学』知泉書館、二〇一〇年、三七―四二頁参照。
（3）次節参照。
（4）金子晴勇、前掲書、第三章以後の叙述を参照。
（5）これがワイマール文化であった。この時期にシェーラーがカトリック教会を去ったのは、個人的な離婚問題が原因していたとしても、キリスト教の神観をもってしてはドイツの再建が不可能と考えられたほどの無力感に彼が襲われていたことに由来する。
（6）Stellung, 49.『宇宙における人間の地位』亀井裕・山本達訳、五〇―五一頁。
（7）Stellung,37. Anm.1: 前掲書、四七頁。
（8）Stellung, 39. 前掲書、五一頁。世界開放性というのは「世界に向かって開かれている」ことではなく、世界をも超えてそれを対象としてみることができるという意味であって、英語では openness beyond the world と訳される。プレスナーはこの事態を「脱中心性」（Exzentrizität）と呼んでいる。

（9）Stellung, 48. 前掲書、五九頁。
（10）Stellung, 55. 前掲書、六八頁。
（11）このようにゴールドシュタインはその著作『生体の機能』によってゲーレンを批判する。
（12）金子晴勇『ヨーロッパ人間学の歴史』知泉書館、二〇〇八年、三五二―三五五頁参照。
（13）Stellung, 81. 九六頁。
（14）M. Plessner, Die Stufen des Organischen und der Mensch, 1928, 3Auf. 1975, IX.
（15）Stellung, 72-3. 八七―八八頁。
（16）この点に関する説明がプレスナー『ドイツロマン主義とナチズム――遅れてきた国民』松本道介訳、講談社学術文庫、一九九五年で詳細に展開する。
（17）G.W, 11, 170.『哲学的世界観』亀井・安西訳、二〇五頁。
（18）シェーラー『知識形態と社会』上、浜井修訳、「著作集」第一五巻、九二頁。
（19）シェーラー、前掲訳書、九二―九三頁。
（20）G.W, 9, 78.『哲学的世界観』一一八頁。
（21）シェーラー『知識形態と社会』前出、九五頁。
（22）G.W, 11.『哲学的世界観』前掲書、七頁。
（23）シェーラー『知識形態と社会』下、「著作集」第一二巻、一二四―一二五頁。
（24）G.W, 11.『哲学的世界観』前掲書、五―一五頁。
（25）A.Schutz,Collected papers,vol.III,, p.150, 140.

付論一　シェーラーとハイデガー

シェーラーとハイデガーとの関係はどうであったのか。多くの人たちがこの点に関心を寄せているると思われるので、それについて簡略に触れておきたい。

第一次世界大戦後の混迷した状況にあってドイツではキルケゴールの実存思想が本格的に受容され、ハイデガーやヤスパースの実存哲学が誕生したのであった。この時期に哲学的人間学も同時に生まれたのであるが、実存哲学が時代を風靡する世界観として君臨していったのに反して、人間学のほうは第二次世界大戦後になって実存哲学の力が衰微するに及んで新たに注目されるようになったことはすでに述べた。

そこでこの間の哲学史の筋道を辿ってみよう。まずハイデガーは『存在と時間』を一九二三年に着手し、一九二六年に完成、一九二七年に出版している。ヤスパースは主著『哲学』の著述を一九二四年に開始し、『世界観の心理学』(3Auf. 一九二五年)でその「構想」を発表し、一九三二年全三巻を完成した。それに先んじてシェーラーは『人間の理念のために』(一九一九年)と『人間における永遠なるもの』(一九二一年)を発表し、『宇宙における人間の地位』を一九二八年に出版し、同年死去した。このように一九二〇年代に相次いで哲学の主著が発表されたことは、実存哲学と哲学的人間学とでは方法において相違していても、人間存在への探求の方向性と志向は共通していたといえよう。

シェーラー自身はハイデガーの『存在と時間』を熱心に読み、高く評価し、両者の間には親しい学問的交流があったが、彼のハイデガーに対する評価は『存在と時間』に書き込んだ欄外注記が残っているだけである。(1) 最後の書となった『人間の地位』は綱領的な叙述に終わっていてハイデガーへの言及はない。他方、ハイデガーは『存在と時間』では自己の現存在の分析論が一般存在論の基礎を問うたものであり、「人間」という概念の不明瞭さのゆえに「人間学」の立場を避け、人間存在の存在論的考察のない「哲学的人間学」に対しては消極的評価を与えた。またシェーラーの最後の著作に対して彼は『カントと形而上学の問題』で批判的に取り上げ、哲学的人間学の問題点を指摘する。そこで、まずハイデガーの現存在の分析論の特徴を指摘し、人間学への批判について触れてみたい。

ハイデガーは曖昧な「人間」という概念を避け、その代わりに「現存在」(Dasein)という術語を用いて人間を表わす。この現存在には「存在了解」が属している。なぜなら存在の意味は現存在においてはじめて明らかになるからである。現存在は「自己の存在の中でこの問いにおいて問われているものに対しそれぞれすでに関係している存在者[2]」であり、「自己の存在の中でこの存在そのものが問題となる[3]」ように関わることによって「存在的に際立っている」。したがって自己の関わり方と「存在可能」に委ねられており、自分の存在遂行によって必然的に関係する存在可能が「実存」として定義される。

しかし、こうした現存在は日常的なあり方においては自己の実存に達しておらず、世間の中に深く埋没し、非本来的な「世人」に転落している。そこで本来的自己へと決断し、実存的変容を遂行しなければならない。こうした『存在と時間』に展開する現存在の実存論的分析論は「現存在の存在」としての「実存」を分析の主題とし、存在の意味を問う存在論の根本問題に方向づけられている。それは人間学や心理学また生物学に先立って行うべき存在論、つまり基礎存在論をめざしたものである。

彼は「人間」概念の曖昧さのゆえ、人間を「現存在」と呼び、とりわけ伝統的な人間学の基本定式「理性をもった動物」を批判し、これが自明のように用いられ、「人間の存在への問いが忘れたままになっており、この存在はむしろ〈自明な〉ものとして、他の被造物の客体的存在の意味に理解されている[4]」と語っている。しかし、こうした人間の定義はあまりに古く、伝統的な人間学にも現代の人間学にも妥当していない代物にすぎない。またハイデガーは『カントと形而上学の問題』では人間学の理念が哲学の本質から基礎づけられていないと繰り返し批判し、次のように言う。「この問いに関する論究がなければ、いやしくも哲学の内部における哲学的人間学の本質、権利および役割に関して決定し得るための基盤が欠けていることになる(5)」と。したがって、人間への問いというものは、哲学の基礎的な問題となることなしに、果たして可能であるのか、とここで問われている。ハイデガーの言う基礎存在論は、存在論のために遂行された試みであって、現存在の実存的な分析論はそれ自身では哲学的人間学ではなく、人間学とは主題的に区別される。彼によると「現存在の実存論的分析はすべての心理学、人間学のまえに、ましてやもちろん生物学のまえにある(6)」。それゆえに彼の試みは「実存的人間学(7)」とも呼ばれた。

だが、ここで「果たして人間の本質への問いが人間学の地盤と地平では問われ得ないのであろうか」という疑念が生まれてくるであろう。人間への問いは、すべての科学的研究に先立って、ただ自己自身への問いの条件と可能性とから、つまり基礎存在論的にのみ遂行され得るのであろうか。むしろそれは人間科学の諸成果を受け入れながら批判的になされなければならないのではなかろうか。

この点でメルロ＝ポンティのハイデガーに対する批判は傾聴に値する。彼によるとその批判はシェーラーにもその不徹底さのゆえに妥当すると言われる。メルロ＝ポンティは『人間の科学と現象学』において現象学と経験科学との関連を心理学・言語学・歴史学において検討し、哲学と人間科学との対立は超えられると主張する。なぜなら本質は事実の外に、永遠は時間の外に、哲学的思考は歴史の外にあるのではないからである。こうした学問的態度はハイデガーでは見失われている。というのはハイデガーは民俗学や心理学より前に哲学によって自然的世界が前提されるべきであると断定的に述べ、哲学の優先権だけを主張しているからである。こうした優先関係の代わりに今や相互関係ないし交互関係が立てられる。したがってシェーラーやハイデガーでは哲学と〈人間科学〉とが単純に対立させられていた断定が批判され、世界に関する断定の停止である現象学と人間科学とが結びつくことによって、哲学はいっそう深く世界へ内属することになる。

この最後に示された批判点はシェーラーでは形而上学としての哲学と人間科学との対立が精神と生命との二つの領域を分けた場合にのみ妥当するのであって、彼は最初から人間科学の成果を全面的に受け入れて哲学している。それゆえにメルロ＝ポンティの批判は人間を「人格」として考察しているかぎり、妥当しないし、「精神」として論じる際にのみ妥当する。いずれにしてもその批判は部分的もしくは限定的に過ぎない。

その他の点でシェーラーとハイデガーの思想的な対立は、他者理解と良心の理解で決定的と

なっているが、ここではこの点に触れないことにする。（8）

註

（1）マンフレート・S・フリングス『マックス・シェーラーの倫理思想』深谷昭三・高見保則訳、以文社、一九九〇年、一七頁参照。

（2）M.Heidegger, Sein und Zeit, S.15.

（3）M.Heidegger, op.cit., S.231.

（4）M.Heidegger, op.cit., S.49.

（5）M.Heidegger, Kant und das Problem der Metaphysik, S.192.

（6）M.Heidegger, op.cit., S.45.

（7）M.Heidegger, op.cit., S.301.

（8）それについて金子晴勇『人間と歴史』YMCA同盟出版部、一九七五年、第九章「実存と他者」二三二—二六二頁、『現代ヨーロッパの人間学』知泉書館、二〇一〇年、第五章「実存哲学と人間学」九七—一一六頁を参照されたい。

付論二　シェーラーの間主観性学説

シェーラー人間学の大系は晩年の『人間の地位』によってその大綱が示された。しかし、この著作だけでは彼の人間学の全体像は把握できない。なぜなら、それ以前の学問的な代表作『倫理学における形式主義と実質的価値倫理学』や『同情の本質と諸形式』また『人間における永遠なるもの』などに展開する人間学は優れた内容をもっているからである。そのさい最も重要な点はシェーラーがカントの倫理学を批判することによって自らの思想を確立していったことである。カントは近代のヨーロッパ人間学の完成者である。その中心思想は近代の主観性にもとづく徹底した理想主義の立場であった。ところがシェーラーはこの近代主観性の立場を批判し、間主観性の観点から人間学を樹立したのである。

この間主観性の学説は近代的な思考に対する革命ともいうべき内容をもっている。とくに彼は人間の情緒的世界にもろもろの価値が現象している仕方を現象学的に考察した。情緒は人間の間に生き生きと生起交流している作用であり、優れた間主観的現象である。たとえば「共歓・共苦」という現象には「共に喜び合うとその喜びは二倍となり、苦しみを他者と分かち合うとその苦しみは半減する」という法則が見いだされる。このような現象は「共同感情」が人間の「自我」に備わった「機能」であることから生じており、「人格」にふさわしい行為的な「作用」である「愛」とは本質を異にしている点が解明された(1)。

ここから二つの学問的に重要な観点が今日においても強調されなければならない。第一は「他者認識」の問題であり、第二は同情倫理学に対する批判から生まれた「愛の秩序」の思想である。さらに共同感情と愛との区別と関連の理解には愛の哲学者としての彼の面目躍如たるものが認められる(2)。しかし、ここでは第一の点だけを問題にしたい。

シェーラーは他者認識として従来説かれてきた類推説や感情移入説を批判し、その間接推理が自己認識を他者に当てはめたり移入するにすぎない点を指摘した(3)。そのさい彼は「自我」と「人格」とを区別し、自我が対象的に認識され、科学的に解明できるのに対して、人格の方は対象的には認識されず、ただ体験的にのみ理解されるという。こうして人格は自我のようには対象化できないけれども(4)、それでも他者との共通の体験から他者に対する理解の道が拓かれるようになった。

『人間の地位』においては人格としての精神の特質は、動物との比較考察によって世界に対する態度の相違として示される。動物が環境をもち、本能によってその中に組み込まれているのに対し、人間は環境を越えて世界に対して開かれており、世界に向かって距離を保って、それを「対象」として捉えることができる。これが「世界開放性」としての人間の根本的特質である。(5)動物が本能によって環境に深く組み込まれており、植物とは違って意識をもっていても、自己に対する意識をもっていないのに対して、人間は自己意識のみならず、自己の身体的・心的性質をも対象的に把握することができる。それゆえ人間は世界を超越したところに自己の作用中枢をもち、一切の行動に作用統一を与えることができる。この中枢は有機体と環境との対立を超えており、「人格」（Person）と呼ばれる。

シェーラーはそれまで他者認識の理論であった類推説や感情移入説を否定し、とくにその間接推理が自己認識を他者に当てはめたり、移入しているにすぎない点を批判し、他我の知覚の直接性を説いた。(6)このような彼の間主観性理論の内容でとくに優れている点を指摘してみたい。

まず、彼は人格の非対象性を力説し、人格に対する認識を「理解」（Verstehen）に求める。彼は人格と自我を分け、自我が対象的に実験科学によって解明できるのに、人格の方はそうはいかないと主張する。そこで人格には独自な認識方法が立てられる。

「人格としての〈精神的〉人格は、そもそも客観化できない存在であり、まさしく〈作用〉

と同じように現存在に関してもっぱら共同―遂行を通してのみ、存在に参与し得る存在である。この存在参与（Seinsteilnahme）のみが客観化して知り得る諸対象についての知の代わりとなり得るものであり、それが可能なのは、知そのものが単に存在参与の一変種、つまり対象化しうる存在への存在参与であるに過ぎないからである」(7)。

このような存在参与の基本様式が「理解」であって、単なる「知覚」とは全く相違している。次に、彼は人間の内には社会が本質的に備わっている点を指摘する。彼によると社会が人間の意識に本質として含まれていて、社会は個体の中に最初から内的に現存している。そのため人間は外的に社会の一部であるだけでなく、社会もまたそれに関連する成員としての人間の本質となっている(8)。ここから彼は自己と他者とに分化する以前の共通な根源を示す自他未決定の「体験流」が存在することを説いて、「〈差当り〉人間は自己自身においてよりも他人においてより多く生きているし、彼の個体におけるよりも共同体においてより多く生きている」と語ることができた(9)。

これまでの間主観性の学説においては自我がその自己意識から出発して、他我の意識に向かっていったのに対し、シェーラーでは他者の意識が自己意識に先行し、体験された心的生の全体の流れから個別的なものは次第に自己意識に達し、自他の分化もそこから説明された。したがって人間は本質的にまた必然的に社会的存在であり、家のような生命共同体（Lebensgemeinschaft）において完全に統合された生活を開始し、幼児や原始人に見られるように徐々に自己の境界を区切るようになるとみなされた。

しかしシェーラーは晩年になると人間学をも従来の西欧的な形而上学から基礎づけようと試みる。こうした傾向は、ヨーロッパ精神史における彼の位置を明確に規定している。つまり、彼は人間科学の成果を積極的に受容したが、それは自我を中心とする心的領域に制限され、精神の領域においては伝統的な形而上学にとどまった。こうした二元論的考察による中途半端な人間学はその後の人間学の展開によって厳しく批判された。

（中部哲学会いにおける発表）

註

（1）金子晴勇『マックス・シェーラーの人間学』創文社、一九九五年、二六一―二六三頁参照。

（2）この点に関しては金子晴勇、前掲書、二五六―二六三頁参照。

（3）類推説はディルタイによって、感情移入説はリップスやフッサールによって説かれた。

（4）シェーラー『宇宙における人間の地位』亀井裕・山本達訳、五九頁。「精神とはそれ自体で対象となり得ない唯一の存在であり、全く純然たる作用性であって、自分の作用の自由な遂行においてのみ自分の存在をもっている。この精神の中心である〈人格〉は対象存在でも事物的存在でもなく、たえず自己自身を遂行している」。

（5）シェーラー、前掲訳書、五〇―五一頁。

（6）金子晴勇、前掲書、一二八―一五六頁参照。

（7）シェーラー『同情の本質と諸形式』青木茂・小林茂訳、白水社、三六〇頁。したがって理解とは「或る他の精神の現状存在（Sosein）に或る存在が精神の本質によって参与すること」であると規定されている。

（8）シェーラー、前掲訳書、三六〇頁。

（9）シェーラー、前掲訳書、三六八―三六九頁。この引用文に先立って彼は次のように言う「この体験の流れは、事実、自分のものと他者のものとを区別せず、相互に混合した形で含んでいる。……それはたしかに、私たちが自己の体験を他人へ差し入れるいわゆる感情移入の錯覚ではなく、それと対立する方向、つまり私たちが他者の体験を私たち自身のものとして体験する方向である」。

あとがき

わたしはこれまで人間学とヨーロッパ思想史を研究の対象としてきた。若き日に三木清の『パスカルにおける人間の研究』を読んだことが哲学研究への転機となった。わたしは哲学の中でも人間学に最初から関心を寄せていた。それはソクラテスに淵源するが、プラトンに関してはその観念論的発想にはとても同意することができなかった。そこでわたしは最初からマックス・シェーラーの現象学的な人間学の影響を受け、その指導にもとづいて研究を続けてきたといえよう。したがって研究を発表するときには彼の影響もあって、処女作『ルターの人間学』（一九七五年、創文社）にも、またそのとき同時に出版した『人間と歴史――西洋思想における人間の理解』（一九七五年、YMCA同盟出版）にも「人間学」や「人間」という文言が出ているが、そればかりでなく、前著ではサルトルと対決するシェーラーが紹介され、後著ではシェーラーについて一節を設けてその人間学の概略が論じられている。こうした傾向はその後の著作活動でも継続され今日に至っている。

なかでもシェーラーの思想に関しては『マックス・シェーラーの人間学』（創文社、一九九五年）

を二九年前に書いたが、これは大部な専門書だったので、専門外の人たちには知られることがなかった。そこで彼の思想のなかでもっとも魅力のある核心部分を簡潔に紹介する必要を最近になって強く感じるようになった。それは彼の豊かな思索が今日の混乱した思想状況で人間を再考するのに役立つと考えたからである。

彼は「愛の哲学者」と呼ばれているように、その最も優れた成果は愛の本質についての研究であった。それは本書第六章第二節と第八章第二―三節に展開している。そこではキリスト教的アガペーに対する人間学的洞察が見事に述べられている。

ところですでにわたしは最晩年を迎えており、数々の病気で苦しめられている現在の健康状態では、新しく書物を書き下ろすことはできない。しかし一九九六年に立命館大学から客員教授として一年間招かれたとき、シェーラーの哲学について講義したことがあり、幸いなことにその講義内容とそのとき配布したドイツ語のテキストの全部が一緒に手許に保存されていた。これに加筆し、修正するのなら、まだその力がわたしに残っていたので、それをもとに彼の思想の核心部分を全一〇章の構成で説明することにした。こうして本書が完成するに至った。そのさい聖学院大学の齊藤伸君に助けてもらった。元来とても難解な彼の思想を易しく解説するのは、確かに不可能なことかもしれないが、その魅力溢れる思想の核心だけでも平明に説き明かすように努めてみた。
出版がきわめて困難な事情にある今日、知泉書館のおかげで本書も日の目を見るようになったことを考えると、感謝に堪えない次第です。

二〇二四年三月二五日

金子　晴勇

人　名　索　引

事 項 索 引

た　行

な～わ　行

金子　晴勇（かねこ・はるお）
昭和7年静岡県に生まれる。昭和37年京都大学大学院文学研究科博士課程修了。聖学院大学総合研究所名誉教授，岡山大学名誉教授，文学博士（京都大学）
〔主要業績〕『人間学入門―自己とは何か？』『「自由」の思想史―その人間学的な考察』『現代の哲学的人間学』『キリスト教人間学』『ヨーロッパ人間学の歴史』『現代ヨーロッパの人間学』『愛の思想史』『エラスムスの人間学』『アウグスティヌスの知恵』『アウグスティヌスの恩恵論』，『宗教改革的認識とは何か―ルター『ローマ書講義』を読む』，ルター『後期スコラ神学批判文書集』，ルター『生と死の講話』『ルターの知的遺産』『エラスムス「格言選集」』，エラスムス『対話集』，グレトゥイゼン『哲学的人間学』，（以上，知泉書館），『ルターの人間学』『アウグスティヌスの人間学』『ルターとドイツ神秘主義』『マックス・シェーラーの人間学』（以上，創文社），『ヨーロッパ思想史―理性と信仰のダイナミズム』（筑摩選書），『宗教改革の精神』（講談社学術文庫），『アウグスティヌス「神の国」を読む―その構想と神学』（教文館）ほか。

〔マックス・シェーラー　思想の核心〕　ISBN978-4-86285-409-4

2024年4月25日　第1刷印刷
2024年4月30日　第1刷発行

著　者　金　子　晴　勇
発行者　小　山　光　夫
印刷者　藤　原　愛　子

発行所　〒113-0033 東京都文京区本郷1-13-2
電話 03（3814）6161 振替 00120-6-117170
http://www.chisen.co.jp
株式会社　知泉書館

Printed in Japan　印刷・製本／藤原印刷